企业上市财务规范实务指南

段昕宏◎ 著

人民邮电出版社

北京

图书在版编目（ＣＩＰ）数据

企业上市财务规范实务指南 / 段昕宏著. -- 北京 ：
人民邮电出版社，2023.8（2024.5重印）
ISBN 978-7-115-60077-6

Ⅰ．①企… Ⅱ．①段… Ⅲ．①上市公司－财务管理－
指南 Ⅳ．①F276.6-62

中国版本图书馆CIP数据核字(2022)第177899号

内 容 提 要

本书介绍了企业国内上市板块对比与选择、企业上市财务规范的基本要求、财务规范基准日、营业收入的规范确认、营业成本的规范配比、费用的规范核算、货币资金的规范核算、应收账款的规范核算、其他应收款的规范核算、存货的规范核算、固定资产的规范核算、短期借款的规范核算、应付账款的规范核算、应付职工薪酬的规范核算、应交税费的规范核算、现金流量的规范核算等内容。

本书适合拟上市（含挂牌、并购）企业高级管理者、中层管理者、财务工作者及在校相关专业的学生等阅读参考。

◆ 著 段昕宏
责任编辑 李士振
责任印制 周昇亮

◆ 人民邮电出版社出版发行 北京市丰台区成寿寺路 11 号
邮编 100164 电子邮件 315@ptpress.com.cn
网址 https://www.ptpress.com.cn
北京虎彩文化传播有限公司印刷

◆ 开本：700×1000 1/16
印张：16.25 2023 年 8 月第 1 版
字数：299 千字 2024 年 5 月北京第 3 次印刷

定价：89.80 元
读者服务热线：(010)81055296 印装质量热线：(010)81055316
反盗版热线：(010)81055315
广告经营许可证：京东市监广登字 20170147 号

前言
PREFACE

随着企业的发展壮大，实现上市成为许多企业家的梦想。企业上市不仅能广泛吸收社会资金，迅速扩大企业规模，提升企业知名度，增强企业竞争力；还能突显企业家的成就，使企业有希望取得跳跃式发展。

为什么编写本书

北京证券交易所于 2021 年 9 月 3 日注册成立。从宣布设立到正式挂牌开市，北京证券交易所只用了短短 74 天。

相较于创业板十年磨一剑、中小板五年孕育、科创板 260 天落地，北京证券交易所从宣布设立到正式挂牌开市历时很短。这也表明证券市场深化新三板改革的决心。

注册制大背景下，中国资本市场将迎来重大变化，我国由主板、科创板、创业板、北交所、新三板等组成的资本市场结构将得到进一步优化。同时，越来越多的企业为了提升自身竞争力和抗风险能力，实现转型升级和创新发展，主动适应经济发展新常态，正积极对接资本市场，选择上市。

IPO 是众多企业家的梦想，财务不规范却是 IPO 上市十分突出的障碍。在企业层面，IPO 是一项复杂的系统工程，需要在各个方面满足上市的规范要求。

企业上市是一项任重而道远的工作，财务准备更是 IPO 过程中的关键环节。财务方面的不规范问题，是拟上市企业需要重点关注，且急需解决的问题。

企业如何在监管趋严的情况下，建立规范的财务体系及战略设计？

本书主要内容

本书围绕企业上市财务规范，首先阐释了资本市场和上市规则，接着从企业上市财务规范的基本要求、财务规范基准日、营业收入的规范确认、营业成本的规范配比等方面，梳理了企业 IPO 财务规范的关键点。作者根据多年 IPO、新三板挂牌、并购重组企业财务规范化辅导的实战经验，创设性地提出有物要素、深痕要素、浅痕要素、规范要素概念，以应对不同会计科目的账实规范；用"反向思维"指导企业实现过往年度的财务规范化；对财务规范基准日后的反向业务，提出"原路返回"的处理思路。这些概念与思路可有效应对拟上市企业过去、现在、将来的财务规范，同时也可运用于一般企业的乱账清理。

本书特色

特色 1：企业上市全流程指引。本书可帮助企业在改制设立股份有限公司、上市融资、并购重组、企业治理、规范运作等各项业务中，把握相关法律法规，解决日常工作中遇到的财务规范的实际问题。

特色 2：本书是拟上市企业与上市中介服务者的工具书，为企业上市融资运作指明了方向。

特色 3：本书紧跟资本市场发展步伐。随着注册制的推出，国务院、证监会、证券交易所等陆续发布了关于证券发行、交易、监管等诸多新的规定。

在本书编写过程中，作者参考了相关文献，并加以借鉴，在此谨向这些文献的作者致以诚挚的谢意。由于作者水平有限，书中难免存在疏漏之处，恳请大家批评指正。

段昕宏

2022 年 10 月

目录
CONTENTS

第 5 章 营业成本的规范配比

第 6 章 费用的规范核算

第 16 章 现金流量的规范核算

资本市场融资是指拟上市企业在金融市场上筹集用于生产经营的额外资金。在我国，资本市场融资不仅相当复杂，而且与资金融通相关的细节也错综复杂。

1.1 国内上市板块概述

国内资本市场目前有三个交易所，即上海证券交易所（简称上交所）、深圳证券交易所（简称深交所）和北京证券交易所（简称北交所）；分为五个板块，即上交所的主板和科创板；深交所的主板和创业板；北交所；新三板股权交易中心。

1.1.1 多层次的资本市场

随着北交所的建立，我国多层次资本市场基本框架已经形成。基础设施和监管体系等在符合中国特色的同时，逐渐与国际市场接轨。

我国已形成由主板、科创板、创业板、北交所、新三板等组成的多层次的资本市场体系，各板块和市场功能定位明确，层层递进，错位发展，形成支持处于不同成长阶段和不同类型企业创新发展的资本市场体系。

我国不断加强制度建设，正在稳步有序地推进注册制，提高资本市场活跃度和流动性，实现资产的优化配置。

1.1.2 企业上市的五大板块

主板也称为一板市场，指传统意义上的证券市场（通常指股票市场），包括上交所主板及深交所主板。主板对发行人的股本、盈利水平、最低市值等方面的要求较高，主板上市企业多为大型成熟企业，具有较大的资本规模及稳定的盈利能力。

科创板重点扶持新一代信息技术、高端装备、新材料、新能源、节能环保以及生物医药等高新技术产业和战略性新兴产业。在科创板上市的企业，大部分是具有较强的科创能力的企业。这些企业一般掌握核心技术，符合国家战略，市场认可度高。科创板上市企业以计算机、通信和其他电子设备制造业，以及专用设备制造业、软件和信息技术服务业为代表。

创业板主要服务成长型创新创业企业，支持传统产业与新技术、新产业、新业态、新模式深度融合，更加强调推动传统产业的创新升级。在创业板上市的企业，具有较强的成长性，以及融合了新旧产业的特点。

北交所坚守服务创新型中小企业的市场定位，致力于培育一批"专精特新"中小企业；以精选层为基础，北交所上市企业由创新层产生，维持"层层递进"的市场结构。

新三板坚守服务创新型、创业型、成长型中小企业发展的市场定位。在创新层挂牌一年后，符合条件的企业可转板上市。

1.2 不同板块财务指标对比

主板、科创板、创业板、北交所等对企业的主营业务、财务指标、上市环节、法律监管都有不同的要求，拟 IPO 企业应根据自身情况在适合自己的板块上市。

1.2.1　主板

（1）最近 3 个会计年度（持续经营 3 年以上）净利润均为正数且累计超过人民币 3 000 万元，净利润以扣除非经常性损益前后较低者为计算依据。

（2）最近 3 个会计年度经营活动产生的现金流量净额累计超过人民币 5 000 万元，或者最近 3 个会计年度营业收入累计超过人民币 3 亿元。

（3）发行前股本总额不少于人民币 3 000 万元，发行后股本总额不少于人民币 5 000 万元，最近一期末无形资产占净资产的比例不高于 20%。

（4）最近一期末不存在未弥补亏损。

1.2.2　科创板

（1）发行后股本总额不低于 3 000 万元。

（2）公开发行股份达到股份总数 25% 以上；公司股本总额超过 4 亿元的，公开发行股份的比例为 10% 以上。

（3）发行人申请在科创板上市，市值及财务指标应当至少符合下列标准中的一项。

①预计市值不低于人民币 10 亿元，最近 2 年净利润均为正且累计净利润不低于人民币 5 000 万元，或者预计市值不低于人民币 10 亿元，最近 1 年净利润为正且营业收入不低于人民币 1 亿元。

②预计市值不低于人民币 15 亿元，最近 1 年营业收入不低于人民币 2 亿元，且最近 3 年累计研发投入占最近 3 年累计营业收入的比例不低于 15%。

③预计市值不低于人民币 20 亿元，最近 1 年营业收入不低于人民币 3 亿元，且最近 3 年经营活动产生的现金流量净额累计不低于人民币 1 亿元。

④预计市值不低于人民币 30 亿元，且最近 1 年营业收入不低于人民币 3 亿元。

⑤预计市值不低于人民币 40 亿元，主要业务或产品需经国家有关部门批准，市场空间大，目前已取得阶段性成果。医药行业企业需至少有一项核心产品获准开展二期临床试验，其他符合科创板定位的企业需具备明显的技术优势并满足相应条件。

1.2.3　创业板

（1）发行后股本总额不低于 3 000 万元。

（2）公开发行股份达到股份总数的 25% 以上；公司股本总额超过 4 亿元的，公开发行股份的比例为 10% 以上。

（3）发行人为境内企业且不存在表决权差异安排的，财务指标至少符合下列标准中的一项。

①最近 2 年净利润均为正，且累计净利润不低于 5 000 万元。

②预计市值不低于 10 亿元，最近 1 年净利润为正且营业收入不低于 1 亿元。

③预计市值不低于 50 亿元，且最近 1 年营业收入不低于 3 亿元。

《首次公开发行股票并在创业板上市管理办法》规定发行人应当主要经营一种业务，其生产经营活动符合国家产业政策和环境保护政策，同时规定募集资金应当用于主营业务。

1.2.4　北交所

北交所上市途径有两种：新三板基础层—创新层—北交所，或创新层—北交所（符合条件的企业）。

（1）公司挂牌（指新三板挂牌）以来完成过定向发行股票（含优先股），且发行融资金额累计不低于 1 000 万元。

（2）符合全国中小企业股份转让系统基础层投资者适当性条件的合格投资者人数不少于 50 人。

（3）最近 1 年期末净资产不为负值。

（4）在北交所公开发行并上市，市值及财务指标应当至少符合下列四项标准中的一项。

①预计市值不低于 2 亿元，最近 2 年净利润均不低于 1 500 万元且加权平均净资产收益率平均不低于 8%，或者最近 1 年净利润不低于 2 500 万元且加权平均净资产收益率不低于 8%。

②预计市值不低于 4 亿元，最近 2 年营业收入平均不低于 1 亿元，且最近 1 年营业收入增长率不低于 30%，最近 1 年经营活动产生的现金流量净额为正。

③预计市值不低于 8 亿元，最近 1 年营业收入不低于 2 亿元，最近 2 年研发投入合计占最近 2 年营业收入合计比例不低于 8%。

④预计市值不低于 15 亿元，最近 2 年研发投入合计不低于 5 000 万元。

1.3　新三板挂牌财务指标

2016 年 6 月 27 日，新三板首次实施分层制度，挂牌企业分为基础层和创新层。2019 年 10 月，证监会启动全面深化新三板改革，又在原有基础上增设了精选层。分层制度一方面可以降低投资者信息收集成本；另一方面将符合不同条件的挂牌企业分别纳入不同市场层级进行管理，为各市场层级挂牌企业提供差异化服务，有利于留住新三板优质企业，避免"劣币驱逐良币"现象。

1.3.1　基础层

2017 年 9 月 6 日，全国中小企业股份转让系统对《全国中小企业股份转让系统股票挂牌条件适用基本标准指引（试行）》进行了修订。企业要在新三板挂牌，除了要满足依法设立且存续满两年，企业治理机制健全，合法规范经营，股权明晰，股票发行和转让行为合法合规，主办券商推荐并持续督导，业务明确，具有持续经营能力等，企业的财务指标还要满足以下条件。

（1）最近 2 个完整会计年度的营业收入累计不低于 1 000 万元；因研发周期较长导致营业收入少于 1 000 万元，但最近 1 期末净资产不少于 3 000 万元的除外。

（2）报告期末股本不少于 500 万元。

（3）报告期末每股净资产不低于 1 元 / 股。

1.3.2　创新层

（1）公司挂牌以来完成过定向发行股票（含优先股），且发行融资金额累计不低于 1 000 万元。

（2）符合全国中小企业股份转让系统基础层投资者适当性条件的合格投资者人数不少于 50 人。

（3）最近 1 年期末净资产不为负值。

（4）挂牌公司进入创新层，财务指标应当至少符合下列三项标准中的一项。

①最近 2 年净利润均不低于 1 000 万元，最近 2 年加权平均净资产收益率平均不低于 8%，股本总额不少于 2 000 万元。

②最近 2 年营业收入平均不低于 6 000 万元，且持续增长，年均复合增长率不低于 50%，股本总额不少于 2 000 万元。

③最近有成交的 60 个做市或集合竞价交易日的平均市值不低于 6 亿元，股本总额不少于 5 000 万元；采取做市交易方式的，做市商家数不少于 6 家。

1.3.3　精选层

（1）最近 1 年期末净资产不低于 5 000 万元。

（2）公开发行的股份不少于 100 万股，发行对象不少于 100 人。

（3）公开发行后，公司股本总额不少于 3 000 万元。

（4）公开发行后，公司股东人数不少于 200 人，公众股东持股比例不低于公司股本总额的 25%；公司股本总额超过 4 亿元的，公众股东持股比例不低于公司股本总额的 10%。

（5）挂牌公司申请公开发行并进入精选层时，应当符合下列条件之一。

①市值不低于 2 亿元，最近 2 年净利润均不低于 1 500 万元且加权平均净资产收益率平均不低于 8%，或者最近 1 年净利润不低于 2 500 万元且加权平均净资产收益率不低于 8%。

②市值不低于 4 亿元，最近 2 年营业收入平均不低于 1 亿元，且最近 1 年营业收入增长率不低于 30%，最近 1 年经营活动产生的现金流量净额为正。

③市值不低于 8 亿元，最近 1 年营业收入不低于 2 亿元，最近 2 年研发投

入合计占最近 2 年营业收入合计比例不低于 8%。

④市值不低于 15 亿元，最近 2 年研发投入合计不低于 5 000 万元。

新三板精选层与北交所上市标准一致，可以说，新三板精选层就是北交所开市之前的预备，2021 年 11 月 15 日，北交所开市首日，精选层公司平移至北交所。

1.4　企业上市板块选择要点

国内资本市场目前有三个交易所，即上交所、深交所和北交所；分为五个板块，即上交所的主板和科创板、深交所的主板和创业板、北交所；新三板交易市场。许多企业家关心企业应该在哪个板块上市，以及每个板块的上市规则有什么不同。其实，企业应当选择符合自身定位的板块，而不是在哪个板块上市更容易就选择哪个板块。

1.4.1　行业与业务类型

（1）深交所主板、上交所主板面向偏传统的、具有一定规模的成熟企业。其对企业所处的行业没有要求。主板上市企业都是规模较大、抗风险能力比较强的企业。

（2）科创板重点支持六大高新技术产业和战略性新兴产业，同时传统行业中致力于推动互联网、大数据、云计算、人工智能和制造业深度融合，引领中高端消费，推动质量变革、效率变革、动力变革的企业都可以在科创板上市。科创板对企业所属行业和科创属性有明确要求，要求企业属于支持和鼓励科创板定位规定的相关行业，同时符合科创属性。

（3）创业板主要支持成长型创新创业企业，对行业的包容性大于科创板。虽然《深圳证券交易所创业板企业发行上市申报及推荐暂行规定》明确了 12 个负面行业，但仍支持传统产业与新技术、新产业、新业态、新模式深度融合，体现对传统产业升级的支持。创业板是按照总体定位（高新技术产业和战略性新兴产业发展方向的创新创业企业）+ 负面清单（排除 12 个行业）+ 例外情况（属于 12 个行业，但与互联网、大数据、云计算、自动化、人工智能、新能源等新技术、新产业、新业态、新模式深度融合的创新创业企业）的原则来判断发行人是否能申报创业板上市的。

（4）北交所主要服务创新型中小企业，重点支持先进制造业和现代服务业等领域的企业，推动传统产业转型升级。北交所充分发挥对全国中小企业股份转让系统的示范引领作用，深入贯彻创新驱动发展战略，聚焦实体经济。除了已经在新三板创新层挂牌的优质企业外，北交所也欢迎"专精特新"企业上市。

1.4.2 财务指标的要求

（1）与北交所相比，主板、科创板、创业板对企业的市值、净利润、收入等均设置了更高的要求。

（2）就盈利指标而言，北交所、科创板和创业板分别有两套盈利指标可供选择，但北交所两套盈利指标均对净利润数额有要求，而科创板、创业板第二套盈利指标仅要求净利润为正且营业收入不低于 1 亿元。

（3）就非盈利指标而言，北交所设置了三套指标，创业板仅设置一套"市值 + 收入"指标，而科创板设置了四套指标。整体而言，创业板更看重企业的盈利能力。

（4）与创业板相比，科创板和北交所均增设了"研发投入"指标，满足"市值 + 研发投入 +（收入）"要求的企业，可以申请在科创板和北交所上市。

不同板块财务指标要求如表 1-1 所示。

表 1-1　不同板块财务指标要求

上市标准	上交所主板/深交所主板	上交所科创板	深交所创业板	北交所
市值+净利润 或 市值+净利润+收入	最近 3 个会计年度净利润均为正且累计超过 3 000 万元；最近 3 个会计年度经营活动产生的现金流量净额累计超过 5 000 万元，或最近 3 个会计年度营业收入累计超过 3 亿元	市值≥10 亿元；最近 2 年净利润均为正，且累计净利润≥5 000 万元 市值≥10 亿元；最近 1 年净利润为正，且营业收入≥1 亿元	最近 2 年净利润均为正，且累计净利润≥5 000 万元 市值≥10 亿元；最近 1 年净利润为正，且营业收入≥1 亿元	市值≥2 亿元；最近 2 年净利润均≥1 500 万元，且加权平均净资产收益率≥8%； 市值≥2 亿元；最近 1 年净利润≥2 500 万元，且加权平均净资产收益率≥8%
市值+收入+研发投入	—	市值≥15 亿元；最近 1 年营业收入≥2 亿元，且最近 3 年累计研发投入占最近 3 年累计营业收入比例≥15%	—	市值≥8 亿元；最近 1 年营业收入≥2 亿元，且最近 2 年研发投入合计占最近 2 年营业收入合计比例≥8%
市值+收入+经营活动现金流	—	市值≥20 亿元；最近 1 年营业收入≥3 亿元，且最近 3 年经营活动产生的现金流量净额累计≥1 亿元	—	市值≥4 亿元；最近 2 年营业收入平均≥1 亿元，且最近 1 年营业收入增长率≥30%；最近 1 年经营活动产生的现金流量净额为正

续表

上市标准	上交所主板/深交所主板	上交所科创板	深交所创业板	北交所
市值＋收入	—	市值≥30 亿元； 最近 1 年营业收入≥3 亿元	市值≥50 亿元； 最近 1 年营业收入≥3 亿元	—
市值＋技术优势 （研发投入）	—	市值≥40 亿元； 符合科创板定位的企业需具备明显的技术优势并满足相应条件	—	市值≥15 亿元； 最近 2 年研发投入合计≥5 000 万元

1.4.3　核准方式的对比

上交所主板与深交所主板，均沿用核准制（2023 年 4 月 10 日，主板开始实施注册制）的审核方式，也适用相同的发行条件和相同的审核通道。

上交所科创板是我国最先试行注册制的板块，于 2019 年开板。

深交所创业板于 2020 年开始使用注册制的审核方式。

北交所上市途径有两种：新三板基础层—创新层—北交所，或创新层—北交所（符合条件的企业）。

我国企业上市核准方式对比见表 1-2。

表 1-2　我国企业上市核准方式对比

上市板块	上市地点	审核方式	审核机构	具体审核机构
上交所主板	上海	核准制	证监会发行监管部	证监会发审委
深交所主板	深圳			
上交所科创板	上海	注册制	上交所科创板上市审核中心	科创板上市委
深交所创业板	深圳		深交所	创业板上市委
北交所	北京		北交所	北交所上市委

1.4.4　其他因素的影响

除了上述主要因素以外，影响企业上市板块选择的其他因素如下。

（1）审核时限。注册制下的科创板与创业板审核及问询回复周期一般不超过 6 个月；北交所审核时限相对较短，预计为 3 ～ 4 个月，但同时需要注意的是，在北交所挂牌上市的企业必须为在新三板连续挂牌满 12 个月的创新层挂牌公司。

（2）首发股票的锁定期。注册制下的科创板和创业板关于股东所持首发前公司股票的锁定期限基本一致，科创板对核心技术人员所持首发前公司股票的锁定期限有特别的要求，而创业板未对此有要求。北交所对股东所持首发前公司股票的锁定期限的要求更为宽松，公司控股股东、实际控制人及其亲属、上市前直接持有 10% 以上股份的股东或虽未直接持有但可实际支配 10% 以上股份表决权的相关主体所持首发前公司股票，仅要求锁定 12 个月。

（3）企业估值与活跃度。在不同板块上市对企业价值的体现程度是企业选择上市板块的重要考量因素之一，股票交易的活跃度也是影响投资者决策的重要参考因素。主板、科创板企业市盈率最高，其次是创业板企业，北交所企业市盈率最低。从股票交易活跃度上来看，主板、科创板与创业板股票交易活跃度比较高，北交所挂牌公司股票交易活跃度比较低。

（4）投资者的准入门槛。如果将股份比作商品，投资者就是股票持有者的客户，所以，投资者的准入门槛，即客户门槛也影响企业上市板块的选择。准入门槛和市场风险相关，市场风险越大，准入门槛越高。

（5）市场交易机制限制。涨跌幅的设定是限制交易的重要手段，也是市场控制风险的重要手段。涨跌幅设定越宽泛，市场对风险的容纳程度越高。

1.5　上市公司独立性

1.5.1　法律法规对上市公司独立性的要求

上市公司遵循"五分开"原则实质上是为了保持上市公司的控股股东、实际控制人和上市公司之间的距离，保证上市公司的独立性。上市公司"五分开"原则具体指，上市公司的控股股东、实际控制人与上市公司在业务、资产、人员、机构、财务等方面应分开，以保证上市公司的独立性。"五分开"原则是上市公司法人治理结构的基础和核心。

1.　《公司法》的相关规定

第三条　公司以其全部财产对公司的债务承担责任。有限责任公司的股东以其认缴的出资额为限对公司承担责任；股份有限公司的股东以其认购的股份为限对公司承担责任。

第二十条　公司股东……不得滥用股东权利损害公司或其他股东的利益……

第二十一条　公司的控股股东、实际控制人、董事、监事、高级管理人员不得利用其关联关系损害公司利益。

2.《上市公司治理准则》的相关规定

第六十八条　控股股东、实际控制人与上市公司应实行人员、资产、财务分开，机构、业务独立，各自独立核算、独立承担责任和风险。

第六十九条　上市公司人员应当独立于控股股东。上市公司的高级管理人员在控股股东不得担任除董事、监事以外的其他行政职务。控股股东高级管理人员兼任上市公司董事、监事的，应当保证有足够的时间和精力承担上市公司的工作。

点评如下。人员分开主要是为了避免人员交叉任职而引发的业务交叉、财务交叉甚至资产交叉等情形。另外，人员交叉任职，中立性大打折扣，在处理相关事务时很可能会顾此失彼，这对上市公司来说非常不利。

第七十条　控股股东投入上市公司的资产应独立完整、权属清晰。控股股东、实际控制人及其关联方不得占用、支配上市公司资产。

点评如下。发起人及股东的资产不得与股份有限公司（简称股份公司）资产混同，发起人及股东更不能将股份公司的资产据为己有。严格来说，这是公司法对股东出资的基本要求，也是公司法人独立的基础。

第七十一条　上市公司应当依照法律法规和公司章程建立健全财务、会计管理制度，坚持独立核算。控股股东、实际控制人及其关联方应当尊重上市公司财务的独立性，不得干预上市公司的财务、会计活动。

点评如下。股东或发起人与股份公司的财务体系应当独立运行。财务系统往往涉及资产与债权债务，以及公司运行成本等问题，因此，财务独立很必要。

第七十二条　上市公司的董事会、监事会及其他内部机构应当独立运作。控股股东、实际控制人及其内部机构与上市公司及其内部机构之间没有上下级关系。控股股东、实际控制人及其关联方不得违反法律法规、公司章程和规定程序干涉上市公司的具体运作，不得影响其经营管理的独立性。

点评如下。上市公司的董事会、股东会、监事会不应当与股东的机构发生重叠或混同。机构是公司决策的发源地，如果机构重叠或混同，则公司意志不具有独立性，上市公司的利益很难得到保障。

第七十三条　上市公司业务应当独立于控股股东、实际控制人。控股股东、实际控制人及其控制的其他单位不应从事与上市公司相同或相近的业务。控股股东、实际控制人应当采取有效措施避免同业竞争。

点评如下。发起人与股份公司不应当经营同种业务，否则会形成恶性竞争。这是避免同业竞争的必然要求。

1.5.2　上市公司独立性是财务规范的基石

如果不对控股股东加以规范和限制，上市公司很可能会成为控股股东实现非法盈利的渠道，进而侵蚀中小投资者的合法利益。

证券市场的一大使命就是确保中小投资者的利益不受侵蚀，尤其是避免中小投资者的合法利益受到控股股东变相地以合法外衣为依托的侵蚀。强化上市公司独立性尤其是财务独立性的意义十分重大。

上市公司缺乏独立性会带来许多问题，包括关联交易频繁、经营业绩失真、业务不稳定、大股东侵蚀上市公司和中小股东的利益等，严重危害证券市场的健康发展。

上市公司的其他独立性缺陷往往都会通过财务独立性体现出来，所以财务规范是上市公司独立性的体现。换言之，上市公司独立性是财务规范的基石。

1.6　上市公司财务独立性案例

1.6.1　控股股东控制财务管理

案例：来自某地证监局现场检查监管的意见

控股股东财务部干预上市公司的会计基础工作，部分会计基础工作需请示控股股东方可开展；上市公司进行利润分红亦需控股股东审批。控股股东的资金归集制度限制了上市公司资金使用自主权。在财务管理的其他方面，控股股东下发的管理文件很大程度上干扰了上市公司投资、融资、资产处置及对外担保等方面的自主决定权。

案例：来自某地证监局现场检查监管的意见

控股股东对上市公司财务报告编制工作提出具体要求，并明确要求于每月 6 日前报送财务报表，每月 8 日前报送财务分析报告；每季 10 日前报送财务情况说明书。

控股股东对上市公司财务管理工作提出的具体要求：资金收支由控股股东统一管理、统一调度；强化预算管理，建立严格的预算外资金和费用审批流程；统一管理固定资产、应收账款等。

上市公司每月资金支出由资金碰头会决定，资金碰头会由控股股东和上市公司高管组成。

上市公司日常经费使用申请需经控股股东和上市公司高管共同签字审批。

1.6.2　控股股东干预资金管理

案例：来自某地证监局现场检查监管的意见

控股股东某工程集团公司联合上市公司，发起设立某工程集团财务有限公司，开始对所属各级子公司的资金实施集中管理，由财务公司对资金实施统一调度、运用和监控，并对子公司上存资金额度做出明确要求。控股股东将上市公司资金纳入统一管理，并做出明确的额度要求，不符合《上市公司治理准则》对关联交易的自愿性要求，以及第七十一条"上市公司应当依照法律法规和公司章程建立健全财务、会计管理制度，坚持独立核算。控股股东、实际控制人及其关联方应当尊重公司财务的独立性，不得干预上市公司的财务、会计活动"，存在上市公司独立性不够的问题。

控股股东某子公司向上市公司借款 1.33 亿元，财务资助审批表上财务资产部主管领导签署人为上年年末已调任控股股东董事及总会计师孙 ××。

上市公司部分银行预留印鉴未及时变更，个人印鉴仍为上年年末已调任控股股东董事及总会计师孙 ××，存在不合规操作风险。

1.6.3 财务人员交叉任职

案例：来自某地证监局现场检查监管的意见

上市公司财务人员兼任控股股东控股的某物业管理公司财务人员，上市公司财务人员兼任关联方某餐饮公司、某文化公司财务人员；关联方公司财务人员审核上市公司会计凭证；上市公司财务人员保管关联方某公司财务专用章。

案例：来自某地证监局现场检查监管的意见

上市公司财务负责人赵××同时担任控股股东某全资子公司的总会计师，上市公司财务部部长任××同时担任控股股东某控股公司财务部部长；控股股东将上市公司在控股股东发起设立的财务公司的资金归集率纳入经营考核范围。控股股东未严格履行重组上市公司时"保证上市公司的财务人员不在承诺人之全资附属企业、控股公司以及控制的其他企业兼职"和"保证上市公司能够独立做出财务决策，不干预上市公司的资金使用"承诺，致使上市公司存在财务不独立情形。

1.6.4 共用财务系统

案例：来自某地证监局现场检查监管的意见

控股股东及其下属公司使用上市公司 SAP 系统，设立了 8 个账套，不利于上市公司财务独立核算、内幕信息管理和内幕交易防控。

案例：来自某地证监局现场检查监管的意见

上市公司与控股股东共用一套财务系统，且服务器存放于控股股东机房，上市公司及其子公司的财务账套设置及相关使用操作权限的变更都需通过控股股东调整。上市公司与控股股东控股的多家公司共用一套财务系统。

案例分析如下。

上述违规案例中出现控股股东控制财务管理、控股股东干预资金管理、财务人员交叉任职、共用财务系统等情形，说明控股股东的财务没有与上市公司的财务分开，影响了上市公司的财务独立性。

控股股东应尊重上市公司财务的独立性，不得干预上市公司的财务、会计活动。控股股东、实际控制人不得通过财务会计核算系统或其他管理软件，控制上市公司的财务核算或资金调动；不得要求上市公司为其支付或垫支工资、福利、保险、广告等费用或其他支出及其他方式影响上市公司财务的独立性。

从上述案例可见，监管层对财务独立性的要求很严格，在财务独立性核查中零容忍，从关联实质到关联形式，从宏观的财务控制到微观的共用财务系统，都被禁止。

为什么极力强调上市公司的财务独立性？首先，为了确保上市公司独立发展、自主管理；其次，也是更重要的一点，为了确保证券市场中众多中小投资者的利益不被控股股东侵蚀。

IPO 上市是众多企业家的梦想，财务不规范是 IPO 上市十分突出的障碍，如果无法规范过往年度的账务，企业就不得不延缓上市计划。

2.1 财务规范是企业上市的底线

2.1.1 财务不规范已成为企业上市的阻碍

证监会回应部分首发企业未能通过发审会审核时表示，主要原因有：一是业务经营不合规；二是内控有效性存在缺陷；三是会计基础工作不规范；四是信息披露存在瑕疵；五是持续盈利能力存疑。

据统计，2011 年—2021 年（截至 2021 年 9 月 8 日）已有 341 家企业被否，其中 2018 年被否率最高，170 家上会，59 家被否，被否率 34.71%；2020 年被否率最低，620 家上会，9 家被否，被否率 1.45%。2021 年以来截至 9 月 8 日，共有 316 家企业上会，16 家被否，被否率 5.06%。

以 2019 年的 19 家被否企业审核反馈重点来看，因毛利率方面的问题被否的企业有 11 家，因关联交易方面的问题被否的企业有 5 家，因大客户依赖方面的问题被否的企业有 3 家，因收入确认方面的问题被否的企业有 3 家，因应收账款方面的问题被否的企业有 3 家，因销售模式方面的问题被否的企业有 2

家，因核心竞争力方面的问题被否的企业有 2 家，因核心技术方面的问题被否的企业有 2 家，因采购依赖性方面的问题被否的企业有 2 家，因财务重大差异方面的问题被否的企业有 1 家。

其中，毛利率方面存在问题的企业占比最高，毛利率、收入确认、应收账款、财务重大差异四类都可归结为财务核算规范。由此可见，财务核算规范是影响企业上市的主要因素。

2.1.2　财务不规范的形成原因及其表现形式

1. 财务不规范的形成原因

主观来看，有限责任公司的公司控制人对规范经营的重要性认识不足，且过度追求所谓的税收筹划，管理及内部控制意识薄弱等。客观来看，公司资金实力弱、生存环境恶劣、财务人员素质较低。

财务不规范的主要原因是公司股东追求片面利益。在有限责任公司阶段，公司股东人数不多，股东往往渴望通过所谓的税收筹划追求小集体（个人）利益的最大化，而所谓的税收筹划专家为了拉业务，不惜冒险实施方案，甚至有的税收筹划专家并不专业，无法辨识筹划的风险。

2. 财务不规范的表现形式

"该算的没有算，不该算的算了，算得不规范"，既通俗地概括了财务不规范的类别，也形象地展示了财务不规范的表现形式。

（1）该算的没有算。

"该算的没有算"指应该纳入公司核算范畴的内容却没有纳入，包括全部未纳入和部分未纳入。

无票销售公司产品并由股东个人收取款项。营业收入未得到规范确认、销售款项没有回到公司，销售发票未规范开具，这属于全部未纳入。

公司股东收取客户销售回款。营业收入已确认、销售发票已开具，但是销售回款却由股东收取，而未回到公司，这属于部分未纳入。

（2）不该算的算了。

"不该算的算了"指不应该纳入公司核算范畴的内容却纳入了。

例如，员工将个人的消费票据在公司报销，以冲抵个人薪酬。

（3）算得不规范。

为什么会算得不规范？不外乎两个因素：一是筹划导致失调，无法算得规范；二是管理水平有限。

3．规范财务的思路

"物归原位"就是规范财务的思路，也是指导财务规范工作的基础逻辑。例如，补开发票补缴税款来应对销售未开票行为，归还货款应对股东占用销售回款行为。

当然，企业具体的财务不规范形式多式多样，处理方式也千差万别，因为篇幅有限，这里不能一一列举。

2.1.3　对不同的会计要素采取不同的规范思路

资产、负债、所有者权益、收入、费用、利润是会计六大要素，如果将现金流量作为一项新要素，可称之为"6+1"会计要素。

不同的会计要素有不同的特性，在财务规范领域对上述"6+1"会计要素可做以下分类。

1．有物要素及其规范思路

有物要素指有实际物品与账面余额对应的要素，包括库存现金、存货、固定资产、工程物资等项目。

有物要素的规范思路包括：确定财务规范基准日的盘存数量；收集并记录规范期间的要素数据信息（即借贷方发生额信息）；将数据输入数据模型并利用反向思维反推至规范期初并得出期初的时点数。

2．深痕要素及其规范思路

深痕要素指虽没有实际物品与账面余额对应，但对方财务很规范，我们与对方的业务往来留下了深刻的痕迹，获取对方的信息较容易，即使我们信息缺失，但对方的信息足以帮助我们予以规范的要素。

深痕要素包括短期借款、应付职工薪酬、应交税费、实收资本等项目。短期借款与贷款银行的收付信息对应，应付职工薪酬与个人所得税申报系统、社保公积金扣缴系统、银行支付系统对应,应交税费与税务机关各税种申报系统、银行支付系统对应,实收资本与工商系统对应。这些申报、申请、扣缴、支付系统的记录功能强大,记录时间长、记录信息多。

深痕要素的规范思路:收集并记录规范期间的要素数据信息;推导出财务规范基准日的时点数;将数据输入数据模型并利用反向思维反推至规范期初并得出期初的时点数。

3. 浅痕要素及其规范思路

浅痕要素是相对于深痕要素而言的。这类要素也有相应的痕迹,只是因为不太规范及保存不当等,痕迹浅且模糊,且不方便获取对方的信息记录,即使获取也不足以信任,导致在账实核查时,往往难以厘清。

浅痕要素包括应收账款、预付账款、应付账款、预收账款、其他应收款、其他应付款等项目。

浅痕要素的规范思路与有物要素的规范思路基本一致,只是有物要素的基准日的盘存数据比浅痕要素的直观真切。例如,我们要通过与某客户相关的应收确认及回款信息,才能确定该客户的应收账款基准日时点数;然而因为资料缺失、记录不完整、时间太久远等因素,我们可能无法全面获知该客户的应收确认及回款信息,从而导致该客户的应收账款基准日时点数难以确认。

4. 规范要素

规范要素往往指收入、费用、利润、现金流量等要素,对于此类要素,在规范期间及未来时期规范地确认和记录即可。

同时,规范要素的确认和记录也影响有物要素、深痕要素、浅痕要素的确认和记录。

需要强调的是,这些要素相互影响,所以不存在独立完成或率先完成某个要素(项目)的财务规范工作。换言之,财务规范工作是一项系统性工作。只有完成了所有要素的财务规范工作,整体性的财务规范工作才结束。

2.1.4　财务规范助力企业上市

随着证券监管严格化、监督职责下放化、信息渠道多元化,上市企业迫切需要进行财务规范。

1．财务规范能有效降低管理成本

制度明确、流程顺畅、单据清晰是企业管理制度体系成熟规范的基本特征，也是财务规范的前提与保障。实现财务规范有助于降低企业内部沟通成本，进而降低运营管理成本，有效提升企业价值。

2．造假的业绩难以符合业务底层逻辑

我们需要对真实业务进行规范，令其规整。即使看起来像真的业绩造假，怎么说也是假的，在业务底层逻辑上难以自圆其说。或者说，"业务造假达到以假乱真"就是个伪命题。

3．业绩造假的逻辑悖论已昭然若揭

业绩造假的一般逻辑：股东需要足够多的虚幻业绩，但股东希望更少的人知晓，如果只用一人之力更好，而且这些事不能被其他人发现。

然而业绩造假的一般逻辑根本无法实现，势必产生逻辑悖论：首先，一人不可能完成全业务流程的业绩造假；其次，要做到所期望的虚幻量，就必须有更多的人参与其中，参与的人会知晓并传播，谁能确保堡垒不会从内部被攻破；再次，这些事极有可能被人发现。内部人员争夺利益、监管机构严格监管、信息渠道多元化，都可能使业绩造假行为暴露。

综上所述，不论是正面论证还是反面论证，都说明财务规范是助力企业上市的坚实后盾。

2.1.5 账实相符是财务规范的底线

什么是财务规范？简单来说，账务规范就是账实相符，即账簿记录的数量、金额等信息与现实中实物（或权责）的数量、金额一致。

（1）资产类账实相符：财务账面与各项资产实际在各时点相符，包括以货币资金、应收票据、应收账款、预付账款、其他应收款、存货等为代表的流动性资产，以长期股权投资、固定资产、无形资产、长期待摊费用等为代表的非流动性资产。

（2）负债类账实相符：财务账面与各项负债实际在各个时点相符，包括以短期借款、应付票据、应付账款、预收账款、应付职工薪酬、应交税费、其他应

付款为代表的流动性负债，以长期借款、应付债券、长期应付款等为代表的非流动性负债。

（3）所有者权益类账实相符：财务账面与各项所有者权益实际在各个时点相符，包括实收资本（股本）、资本公积、盈余公积、未分配利润等项目。

（4）损益类账实相符：财务账面与各项损益实际在各个期间相符，包括营业收入、营业成本、税金及附加、销售费用、管理费用、研发支出、财务费用、公允价值变动损益、信用减值准备、资产减值准备、所得税费用等项目。

2.1.6　财务规范的规则

1．会计准则是财务规范的核算规则

会计准则对经济业务的具体会计处理做出规定，以指导和规范企业的会计核算，保证会计信息的质量。企业会计准则是会计人员从事会计工作必须遵循的基本原则，是企业上市前财务规范的基本要求。

2．税收法律法规是财务规范的合规规则

税收法律法规是所有调整税收关系的法律规范的总称，包括实体性规范和程序性规范。企业必须遵守各项税收法律法规，税收法律法规是财务规范的底线，也是企业上市要遵守的合规性规则之一。

3．审计准则是财务规范的审核规则

审计准则是规范和指导注册会计师及其项目组成员（简称审计人员）执行审计业务、保证审计质量、防范审计风险的审核规则体系，是审计人员履行审计职责的行为规范、执行审计业务的职业标准、评价审计质量的基本尺度，也是审计人员进行上市公司财务规范性审核的规则。

4．年报准则是财务规范的披露规则

年报准则是规范上市公司年度报告的编制及信息披露行为，保护投资者合法权益的披露规则。年报准则的规定是对上市公司年度报告信息披露的最低要求，上市公司应按照年报准则的要求编制和披露年度报告，投资者可根据上市公司年报的数据及对比分析做出投资决策。

2.2 会计准则是财务规范的核算规则

2.2.1 企业会计准则发展概述

（1）1992 年 11 月 30 日财政部正式发布企业会计准则，标志着我国企业会计核算模式从计划经济体制下的会计核算模式向市场经济体制下的会计核算模式转变，我国有了第一个与国际会计惯例相协调的企业会计准则。

（2）企业会计准则具体化阶段。从 1997 年至 2001 年，财政部通过借鉴国际会计惯例，先后颁布了 16 项具体企业会计准则，我国企业会计准则开始走向具体化。

（3）企业会计准则体系化、国际化阶段。我国加入世贸组织后，经济、贸易和资本的国际一体化进程不断推进，世界各国的会计报告制度与国际财务报告准则开始趋同，我国的企业会计准则迫切需要与国际接轨。2006 年 2 月 15 日，财政部正式发布了 1 项基本准则和 38 项具体准则，形成了一套与我国国情相适应，同时又充分与国际财务报告准则趋同的新的企业会计准则体系。

企业会计准则体系的制定、颁布、实施，规范了我国会计实务，大大提高了我国上市企业的会计信息质量和企业财务状况的透明度，为企业经营机制的转换和证券市场的发展、国际经济技术交流起到了积极的作用。

2.2.2 企业会计准则体系框架

企业会计准则体系包括基本准则、具体准则和应用指南。

（1）基本准则包括总则、会计信息质量要求、财务会计报告要素、会计计量、财务会计报告等十一章内容。

（2）具体准则是在基本准则的指导下，处理会计具体业务标准的规范。具体准则可分为一般业务准则、特殊行业和特殊业务准则、财务会计报告准则三大类。

一般业务准则用于规范普遍适用的一般经济业务的确认、计量要求，如存货、固定资产、无形资产、职工薪酬、所得税等。

特殊行业和特殊业务准则是对特殊行业的特定业务的会计问题做出的处理规范，如生物资产、金融资产转移、套期保值、原保险合同、合并会计报表等。

财务会计报告准则主要规范各类企业通用的报告类准则，如财务报表列报、现金流量表、合并财务报表、中期财务报告、分部报告等。

（3）应用指南从不同角度对企业具体准则进行强化，解决实务操作问题，包括具体准则解释部分、会计科目和财务报表部分。

2.3　税收法律法规是财务规范的合规规则

遵守税收法律法规、依法纳税是财务规范的合规规则，是企业上市前及上市后财务规范的底线。

2.3.1　我国税收法律法规概述

税收法律法规指国家机关制定颁发的一切规范性税收文件的总称，包括税收法律、法令、条例、税则、施行细则、征收办法及其他有关税收的规定等。

1．实体性税收法律法规

我国税收实体法主要包括：流转税法、财产税法、资源税法、所得税法和行为税法。

2．程序性税收法律法规

《税收征收管理法》是规范税收征收管理的基本法律，包括税务管理、税款征收、税务检查、法律责任等主要内容，它规定了纳税人办理涉税事项的基本程序和要求，是税务机关依法行政的重要依据，是纳税人依法履行纳税义务、保护自身合法权益，社会各界、有关方面配合税务机关依法履行职责必须遵守的法律规范。

2.3.2　税收法律法规对企业运营的影响

基于设置目的和服务对象的不同，大多数国家的会计准则和税收法律法规都是独立运行的，两者既有关联性又有差异性。

会计准则的进步促使税收法律法规的发展，税收法律法规同时又影响会计准则的核算方式。在企业运营上，几乎所有的税收法律法规都或多或少地展示了两个至关重要的观点。

1．狭窄的"与生产经营相关"

与生产经营相关是两者的基本假定，但范围有所不同，税收法律法规的相关性相比会计准则更为狭窄。

2．税务机关的自由裁量权

在判断企业对会计政策及会计估计的具体运用上，税务机关拥有法律法规所赋予的自由裁量权，例如对某项交易公允性的认定和裁量。

会计准则和税收法律法规都对企业运营的规范化加以约束，但方向及力度不一，所以企业在财务规范中不仅要注重会计准则的相关规定，还要关注税收法律法规的规范要求。

税务机关出具的合规性证明（无重大违法违规证明）是企业上市必备的申报材料之一，企业在财务规范中不能因小失大、顾此失彼，一味节约上市成本、实施所谓的税收筹划，导致上市进程受阻甚至上市失败。

2.4　审计准则是财务规范的审核规则

2.4.1　审计准则体系及审计内容

《中国注册会计师审计准则》由财政部制定与颁布，用于规范与指导注册会计师执行社会审计业务。

会计师事务所对拟上市公司财务报表进行审计的主要内容如下。

（1）被审计单位的各种财务报表是否按照公认的会计原则和统一的会计制度编制，是否遵循一贯性会计原则。

（2）被审计单位的各种财务报表是否真实、公正地反映了其在受审期间的财务状况和经营成果。

2.4.2　审计意见的四大基本类型

对拟上市公司财务报表进行审计后，注册会计师须发布审计意见，审计意见是注册会计师对所审财务报表做出的客观公正的评价。审计意见类型如下。

1．无保留意见

无保留意见是指注册会计师对被审计单位的会计报表，依照《中国注册会计师审计准则》的要求进行审查后确认：

（1）被审计单位采用的会计处理方法遵循了会计准则及有关规定；

（2）会计报表反映的内容符合被审计单位的实际情况；

（3）会计报表内容完整，表述清楚，无重要遗漏；

（4）报表项目的分类和编制方法符合规定要求。

无保留意见意味着注册会计师认为会计报表的反映是合法、公允和一贯的，能满足非特定多数利害关系人的共同需要。

2．保留意见

保留意见是指注册会计师对会计报表的反映有所保留的审计意见。

注册会计师经过审计后，认为被审计单位会计报表的反映就其整体而言是恰当的，但还存在下述情况之一时，应出具保留意见的审计报告。

（1）个别重要财务会计事项的处理或个别重要会计报表项目的编制不符合企业会计准则和国家其他有关财务会计法规的规定，而且被审计单位拒绝进行调整。

（2）因审计范围受到局部限制，无法按照独立审计准则的要求取得应有的审计证据。

（3）个别会计处理方法的选用不符合一贯性原则。

3．否定意见

否定意见与无保留意见相反，即注册会计师认为会计报表不能合法、公允、一贯地反映被审计单位的财务状况、经营成果和现金流动情况。注册会计师经过审计后，认为被审计单位的会计报表存在下述情况之一时，应当出具否定意见的审计报告。

（1）会计处理方法的选用严重违反企业会计准则和国家其他有关财务会计法规的规定，被审计单位拒绝进行调整。

（2）会计报表严重歪曲了被审计单位的财务状况、经营成果和现金流动情况，而且被审计单位拒绝进行调整。

4．无法表示意见

无法表示意见是指注册会计师对被审计单位会计报表的合法性、公允性和一贯性无法发表意见。注册会计师在审计过程中，由于审计范围受到委托人、被审计单位或客观环境的严重限制，不能获取必要的审计证据，以致无法对会计报表整体反映发表审计意见时，应当出具无法表示意见的审计报告。

2.5　年报准则是财务规范的披露规则

2.5.1　年报准则概述

年报准则指证监会发布的《公开发行证券的公司信息披露内容与格式准则第 2 号——年度报告的内容与格式》和《公开发行证券的公司信息披露内容与格式准则第 3 号——半年度报告的内容与格式》。

2021 年 6 月 28 日，证监会结合监管实践，根据修订后的《证券法》《上市公司信息披露管理办法》，对年报准则进行了修订。新年报准则进一步规范上市公司年度报告的编制及信息披露行为，保护投资者合法权益。

本次修订中，针对年度报告中的行业和业务情况分析不够深入、与财务数据联系不够紧密等情况，进一步明确和细化披露要求。

（1）要求公司结合行业发展、业务经营等信息有针对性地分析主要财务数据变化的原因。

（2）维持现行规定鼓励公司披露前 5 大客户、供应商的同时，若年度内公司与单个客户或供应商的销售或采购比例超过总额的 50%、前 5 大客户或供应商存在新增对象的，或严重依赖于少数客户或供应商的，要求公司披露相应客户或供应商的名称及销售或采购金额。

（3）对于本年度扣除非经常性损益前后净利润存在负值的公司，要求披露营业收入扣除情况，并披露审计机构对扣除情况的专项审核意见等内容。

2.5.2　年报准则关于财务规范的要求

年报准则的正面作用是为公司指明财务规范的方向；从监管层面来看，年报准则也警示上市公司，如果公司会计核算不规范、财务信息不透明，轻则带来监管层及社会的质疑，重则带来股价波动甚至退市风险。

与审计准则相比，年报准则更倾向于要求披露业绩类信息。一方面，投资者更为关注上市公司的业绩类信息，年报准则基于监管和服务，也顺应投资者需求，更倾向于要求披露业绩类信息；另一方面，审计报告已对上市公司进行了全面与重点相结合的核查，年报准则更倾向于要求披露业绩类信息也说明对审计报告的信任。

1. 年报准则是对年报披露的最低要求

《公开发行证券的公司信息披露内容与格式准则第 2 号——年度报告的内容与格式》第三条　本准则的规定是对公司年度报告信息披露的最低要求；对投资者作出价值判断和投资决策有重大影响的信息，不论本准则是否有明确规定，公司均应当披露。

公司可以结合自身特点，以简明清晰、通俗易懂的方式披露对投资者特别是中小投资者决策有用的信息，但披露的信息应当保持持续性，不得选择性披露。

2. 年报披露的外部背书与内部保证

第九条　公司年度报告中的财务报告应当经符合《证券法》规定的会计师事务所审计，审计报告应当由该所至少两名注册会计师签字。

第十二条　年度报告内容应当经公司董事会审议通过。未经董事会审议通过的年度报告不得披露。

公司董事、高级管理人员应当对年度报告签署书面确认意见，说明董事会的编制和审议程序是否符合法律、行政法规和中国证监会的规定，报告的内容是否能够真实、准确、完整地反映公司的实际情况。

监事会应当对董事会编制的年度报告进行审核并提出书面审核意见。监事应当签署书面确认意见。监事会对年度报告出具的书面审核意见，应当说明董事会的编制和审议程序是否符合法律、行政法规和中国证监会的规定，报告的内容是否能够真实、准确、完整地反映公司的实际情况。

董事、监事无法保证年度报告内容的真实性、准确性、完整性或者有异议的，应当在董事会或者监事会审议、审核年度报告时投反对票或者弃权票。

董事、监事和高级管理人员无法保证年度报告内容的真实性、准确性、完整性或者有异议的，应当在书面确认意见中发表意见并陈述理由，公司应当披露。公司不予披露的，董事、监事和高级管理人员可以直接申请披露。

董事、监事和高级管理人员按照前款规定发表意见，应当遵循审慎原则，其保证年度报告内容的真实性、准确性、完整性的责任不仅因发表意见而当然免除。

第十四条　公司应当在年度报告文本扉页刊登如下重要提示：公司董事会、监事会及董事、监事、高级管理人员保证年度报告内容的真实、准确、完整，不存在虚假记载、误导性陈述或重大遗漏，并承担个别和连带的法律责任。

公司负责人、主管会计工作负责人及会计机构负责人（会计主管人员）保证年度报告中财务报告的真实、准确、完整。

第四十七条　公司年度财务报告被会计师事务所出具非标准意见审计报告的，公司董事会应当按照《公开发行证券的公司信息披露编报规则第 14 号——非标准审计意见及其涉及事项的处理》规定，针对非标准意见涉及的事项作出专项说明。

公司作出会计政策、会计估计变更或重大会计差错更正的，公司应当披露变更、更正的原因及影响，涉及追溯调整或重述的，应当披露对以往各年度经营成果和财务状况的影响金额。如涉及更换会计师事务所，应当披露是否就相关事项与前任会计师事务所进行了必要的沟通。

第四十八条　公司应当披露年度财务报告审计聘任、解聘会计师事务所的情况，报告期内支付给聘任会计师事务所的报酬情况，及目前的审计机构和签字会计师已为公司提供审计服务的连续年限，年限从审计机构与公司首次签订审计业务约定书之日起开始计算。

公司报告期内若聘请了内部控制审计会计师事务所、财务顾问或保荐人，应当披露聘任内部控制审计会计师事务所、财务顾问或保荐人的情况，报告期内支付给内部控制审计会计师事务所、财务顾问或保荐人的报酬情况。

第七十条　公司应当披露审计报告正文和经审计的财务报表。

财务报表包括公司近两年的比较式资产负债表、比较式利润表和比较式现金流量表，以及比较式所有者权益（股东权益）变动表和财务报表附注。编制合并财务报表的公司，除提供合并财务报表外，还应当提供母公司财务报表，但中国证监会另有规定的除外。

财务报表附注应当按照中国证监会制定的有关财务报告的规定编制。

3. 业财交融分析是年报披露的灵魂

第十九条 公司应当采用数据列表方式，提供截至报告期末公司近 3 年的主要会计数据和财务指标，包括但不限于：总资产、营业收入、归属于上市公司股东的净利润、归属于上市公司股东的扣除非经常性损益的净利润、归属于上市公司股东的净资产、经营活动产生的现金流量净额、净资产收益率、每股收益。

公司报告期扣除非经营性损益前后归属于上市公司股东的净利润孰低者为负值的，应当披露营业收入扣除与主营业务无关的业务收入和不具备商业实质的收入情况，以及扣除后的营业收入金额。公司应当同时披露负责审计的会计师事务所对营业收入扣除事项及扣除后营业收入金额出具的专项核查意见。

…………

公司应当采用数据列表方式，分季度提供营业收入、归属于上市公司股东的净利润、归属于上市公司股东的扣除非经常性损益后的净利润、经营活动产生的现金流量净额。上述财务指标或其加总数与公司已披露半年度报告相关财务指标存在重大差异的，应当说明主要原因。

第二十条 公司主要会计数据和财务指标的计算和披露应当遵循如下要求：

（一）因会计政策变更及会计差错更正等追溯调整或重述以前年度会计数据的，应当同时披露调整前后的数据。

（二）对非经常性损益、净资产收益率和每股收益的确定和计算，中国证监会另有规定的，应当遵照执行。

（三）编制合并财务报表的公司应当以合并财务报表数据填列或计算以上数据和指标。

（四）如公司成立未满 3 年，应当披露公司成立后完整会计年度的上述会计数据和财务指标。

（五）财务数据按照时间顺序自左至右排列，左起为报告期的数据，向右依次列示前一期的数据。

第二十五条 公司应当分析报告期内的主要经营情况，并应当披露对报告期内的主要经营情况产生重大影响以及未来会产生重大影响的事项。对重大事项的披露应当完整全面，不能有选择地披露。内容包括但不限于：

（一）主要经营业务。应当包括（但不限于）收入、成本、费用、研发投入、现金流等项目，需要提示变化并结合行业发展、业务经营等情况分析变化的原因。若公司业务类型、利润构成或利润来源发生重大变动，应当详细说明。

1. 收入与成本：公司应当结合行业特征和自身实际情况，分别按行业、产品、地区、销售模式说明报告期内公司营业收入构成情况。对于占公司营业收入或营业利润 10% 以上的行业、产品、地区、销售模式，应当分项列示其营业收入、营业成本、毛利率，并分析其变动情况。对实物销售收入大于劳务收入的公司，应当按行业口径，披露报告期内的生产量、销售量和库存量情况。若相关数据同比变动在 30% 以上，应当说明原因。公司应当披露已签订的重大销售合同、重大采购合同截至本报告期的履行情况。

公司应当披露本年度营业成本的主要构成项目，如原材料、人工工资、折旧、能源和动力等在成本总额中的占比情况。如果涉及商业秘密，公司可以仅披露占比最高或最主要的单个项目。

…………

公司应当披露主要销售客户和主要供应商的情况，以汇总方式披露公司向前 5 名客户销售额占年度销售总额的比例，向前 5 名供应商采购额占年度采购总额的比例，以及前 5 名客户销售额中关联方销售额占年度销售总额的比例和前 5 名供应商采购额中关联方采购额占年度采购总额的比例。鼓励公司分别披露前 5 名客户名称和销售额，前 5 名供应商名称和采购额，以及其是否与上市公司存在关联关系。若报告期内向单个客户的销售比例超过总额的 50%、前 5 名客户中存在新增客户的或严重依赖于少数客户，应披露其名称和销售额；若报告期内向单个供应商的采购比例超过总额的 50%、前 5 名供应商中存在新增供应商的或严重依赖于少数供应商，应披露其名称和采购额。属于同一控制人控制的客户或供应商视为同一客户或供应商合并列示，受同一国有资产管理机构实际控制的除外。

2. 费用：若报告期内公司销售费用、管理费用、财务费用等财务数据同比发生重大变动，应当结合业务模式和费用构成，说明产生变化的主要驱动因素。

3. 研发投入：公司应当说明本年度所进行主要研发项目的目的、项目进展和拟达到的目标，并预计对公司未来发展的影响。公司应当披露报告期末研发人员的数量、占比、学历结构和年龄结构等信息，公司研发人员构成发生重大变化的，应当说明原因及对公司未来发展的影响；说明本年度研发投入总额及占营业收入的比重，如数据较上年发生显著变化，还应当解释变化的原因。公司应当披露研发投入资本化的比重及变化情况，并对其合理性进行分析。

4.现金流：结合公司现金流量表相关数据，说明公司经营活动、投资活动和筹资活动产生的现金流量的构成情况，若相关数据同比发生重大变动，公司应当分析主要影响因素。若报告期公司经营活动产生的现金净流量与报告期净利润存在重大差异，公司应当解释原因。

....

（三）资产及负债状况。若报告期内公司资产构成（货币资金、应收款项、合同资产、存货、投资性房地产、长期股权投资、固定资产、在建工程、使用权资产、短期借款、合同负债、长期借款、租赁负债等占总资产的比重）同比发生重大变动，应当说明产生变化的主要影响因素。若境外资产占比较高，应当披露境外资产的形成原因、资产规模、运营模式、收益状况等。鼓励公司结合各项营运能力和偿债能力的财务指标进行分析。

公司应当披露截至报告期末的主要资产被查封、扣押、冻结或者被抵押、质押，必须具备一定条件才能变现、无法变现、无法用于抵偿债务的情况，以及主要资产占有、使用、收益和处分权利受到其他限制的情况和安排。

第三十五条 公司应当披露母公司和主要子公司的员工情况，包括报告期末在职员工的数量、专业构成（如生产人员、销售人员、技术人员、财务人员、行政人员）、教育程度、员工薪酬政策、培训计划以及需公司承担费用的离退休职工人数。

对于劳务外包数量较大的，公司应当披露劳务外包的工时总数和支付的报酬总额。

财务规范基准日是一个新起点。公司在财务规范基准日的数据必须账实相符，但是由于不规范，所以财务规范基准日账实会存在差异。

财务规范就是要对规范期间的历史数据进行账实核对分析，并对差异进行处理，实现规范期间的账实相符。

3.1 如何组建财务规范团队

3.1.1 财务规范团队的三种模式

1. 内部人员组建财务规范团队

公司内部人员组建财务规范团队，一般由分管财务的副总经理或财务总监牵头组建团队，财务人员为核心成员，业务人员作为辅助支持人员。

这种模式的优点是内部人员熟悉公司运营及规范要点。但不足之处也很明显：财务规范团队的成员是运营不规范的直接参与者，规范对团队而言相当于自我变革，而自我变革是很难实现的；财务人员作为团队核心往往难以调动和协调非财务力量；财务规范团队的财务规范知识结构不全面、缺乏全局性视野，往往导致规范活动半途而废。

2．外部专家组建财务规范团队

外部专家或顾问组建财务规范团队，独立完成公司财务规范工作。

这种模式的优点是外部专家知识结构尤其是和上市相关的财务知识结构全面，且外部专家具有全局性运营视野，有成熟的过往规范案例借鉴等。但不足之处也很明显：财务规范团队熟悉公司运营需要过程与时间，容易造成规范要点缺失或与实际有偏差；内部团队往往不愿全力配合。

3．内外结合组建财务规范团队

实务中，尤其是成功的实务案例中往往是内外结合组建财务规范团队，这种模式的特点是，以外部专家为核心、公司高管为团队威慑力量、业务团队全面全程参与。这种模式有效发扬了前两者的优点，规避了前两者的不足。

3.1.2　财务规范团队组建注意事项

财务规范团队的外部专家可由公司自主找寻，也可由中介机构（如券商、会计师事务所、律师事务所）推荐，但不可由与中介机构有关联的公司或专家担任。

财务规范团队的工作业绩须由中介机构审核并予以确认，如果由与中介机构有关联的规范团队主导财务规范工作，财务规范工作则会陷入自己规范、自己审核、自己确认的牵制雷区，有可能出现为了审核通过而降低对财务规范团队工作的质量要求与审核要求，导致后续难以预见的上市障碍。

3.2　财务规范基准日的选择

公司做好上市规划后就要进行财务规范，对规范期间的会计核算数据进行规范性审查与修正，同时面向未来建立起符合上市规范的会计核算体系。

基准日是一个时点，严格地说，该时点是基准日的 24：00（或 00：00）。

假定确立财务规范基准日为 4 月 30 日（或 5 月 1 日），严格地讲，指 4 月 30 日 24:00 或 5 月 1 日的 00:00，两种方式表示的时点是等同的，通俗意义上财务规范基准日为 430。

财务规范基准日的确定及工作安排极具意义。通俗地说，如果选定一个日期作为财务规范的基准日，那么：第一，公司从基准日起，必须遵循上市公司的规范核算要求；第二，公司对规范期间（含基准日）的账实数据进行比对分析清理，做到账实相符。

3.2.1　股改基准日与股改审计期间

股份制改造指将有限公司根据《公司法》和《证券法》等法律规定改制成股份公司的过程，股改基准日就是为股份制改造确定的基准日期。

上市（或新三板挂牌）的公司形式须为股份公司，公司在上市（或挂牌）之前必须进行股份制改造。公司需聘请具备从业资格的专业中介机构帮助自身实现股份制改造，中介机构包括券商、会计师事务所、律师事务所、资产评估机构等。

会计师事务所会以股改基准日为时点出具审计报告，审计报告期间须包含一个完整的会计年度（1 月 1 日—12 月 31 日），然而大多数的基准日不一定也没有必要确定在年末（12 月 31 日）。所以，除了完整会计年度以外，审计期限还包括从年末到股改基准日的这一期间，这一期间少于一个完整的会计年度。所以一个完整会计年度和这一期间合计构成了股份制改造的审计期间，俗称"一年又一期"。

基于股份制改造，会计师事务所出具一年又一期的审计报告，资产评估师出具股改基准日的资产评估报告，有限公司原股东作为发起人以股改基准日的资产评估报告设立股份公司。

假定股改基准日为 2022 年 4 月 30 日，则审计期限为 2021 年 1 月 1 日至 2022 年 4 月 30 日。"一年"即 2021 年 1 月 1 日至 2021 年 12 月 31 日，"一期"即 2022 年 1 月 1 日至 2022 年 4 月 30 日，合称一年又一期。

假定股改基准日为 2021 年 12 月 31 日，则审计期间为 2021 年 1 月 1 日至 2021 年 12 月 31 日，此时可视为一个完整会计年度，没有"又一期"。

不管有无"又一期"，整个股份制改造审计期间的会计核算必须符合上市的规范化要求。

3.2.2 申报基准日与申报审计期间

申报基准日指中介机构向审核（或备案）机构上报申请（或备案）材料所记载的基准日期。

会计师事务所须出具申报期间的审计报告，审计报告期间须包括三个（或两个）完整的会计年度（1月1日—12月31日），假定为三个完整会计年度，俗称"三年又一期"。

企业上市申报材料中的审计报告期间为三年又一期，企业新三板挂牌申报材料中的审计报告期间为两年又一期。

3.2.3 股改基准日与申报基准日

一般情况下股改基准日早于申报基准日，新三板挂牌中也偶会出现股改基准日与申报基准日为同一时点的情况。

不管如何，股改审计报告或申报审计报告所涵盖的审计期间内的会计核算必须符合企业上市（挂牌）的财务规范化要求。这也决定了企业上市财务规范的期间。

3.2.4 财务规范基准日具体选择

1. 财务规范基准日基础逻辑

股改（申报）基准日及其审计期间的会计核算都应该符合上市规范，所以财务规范基准日必定早于股改（申报）基准日，或者说不能晚于股改（申报）基准日。

同理，规范期间必须包括整个股改期间（或申报期间）。也就是说，公司的账务处理规范化期间从股改期间或申报期间最早的时点开始算起，直至财务规范基准日。同时，财务规范基准日之后的会计核算必须按照上市要求进行处理。

2．财务规范基准日具体选择

财务规范基准日必须选在月末，月末又可分为年末（资产负债表日）、半年末、季度末、普通月末。

普遍认为应首选年末，其次是季度末（含半年末），也就是 12 月 31 日和 3 月 31 日、6 月 30 日、9 月 30 日四个时点。究其原因，可能心理因素大于实质性意义，人们总觉得将这四个时点作为基准日更有意义。

而这里建议选择普通月末，即除上述四个时点的其他八个时点。为什么呢？因为大多数企业是按照季度预缴企业所得税的，如果选择普通月末并出现小差异就可在其所属季度申报时修正。

3．财务规范基准日预留期限

财务规范是需要时间的，所以选择财务规范基准日要预留规范工作期限。一般的新三板挂牌财务规范需要三至五个月，带有上市目的的财务规范所需时间更长。

（1）财务规范基准日的前预留期限。

公司做出上市的规划与决策后，就要进行规范化运作。一般而言，以做出决策的两三个月后的某个月末为财务规范基准日，这两三个月可作为财务规范基准日前预留期限，主要安排规范初期的规则体系制定、演练及其他准备工作。

（2）财务规范基准日的后预留期限。

虽然财务规范基准日前期有预留期限，但财务规范基准日的数据需要录入、确认、核查、修正，所以还需考虑财务规范基准日后预留期限，需要两至三个月。

4．预规范基准日的设置意义

对于行业特殊、规模较大、业务复杂的拟上市主体，可在财务规范基准日前半年左右设置预规范基准日。

预规范基准日并不意味着将规范工作分为两段进行，而是在预规范基准日演练。预规范基准日的工作内容和工作流程与规范基准日的完全一致，目的是防止规范基准日出现重大状况无法有效完成工作，而阻碍上市，带来无法挽回的时间成本。

3.3 决策日到财务规范基准日的工作安排

从财务规范工作决策立项开始，财务规范团队并不会静待财务规范基准日，而需要布局与安排许多工作。

3.3.1 健全业财制度流程表格

企业应按照对上市公司的要求健全企业各项制度流程表格，不仅包括财务类制度流程表格，还应包括业务类的制度流程表格。通俗来说，就是涉及企业运营所需的全部制度流程表格。

制度流程表格的健全至关重要，制度流程表格不仅指导财务规范团队对规范期间的各项规范业务，还是上市进程及上市完成后企业规范化运行的指导规则。企业要秉承合规性、全面性、重要性、适用性、前瞻性等要求健全制度流程表格。

3.3.2 设计完善会计核算科目体系

会计核算科目体系是财务规范团队用于会计核算规范化的有力工具，企业应该按照对上市公司的要求设计完善会计核算科目体系。

1. 会计核算科目体系要结合实际

会计核算科目体系的设计完善不能闭门造车，而是要基于会计准则、税收法律法规、审计规范、披露规范等进行，同时要结合行业特点、业务规模、管理风格等进行多层次的会计科目分类设置。

2. 中介机构参与会计核算科目体系设计

保荐机构、会计师事务所等中介机构在执业中积累了丰富的专业经验，服务过不同行业、不同规模、不同区域等上市公司，所以，企业在设置会计科目时要征求中介机构的意见。

3.　会计核算科目体系要具有前瞻性

会计核算科目体系不应仅局限在当下够用的科目体系，而要立足当下，展望未来，考虑行业未来发展、企业战略规划等影响会计科目设置的因素。

4.　会计核算科目体系设计要考虑关联性

各个会计科目并不是孤立存在、独立运用的，它们之间存在关联性。例如，营业收入会计科目设计关联营业成本、库存商品等会计科目的设计，应付职工薪酬会计科目设计关联成本费用科目下的薪酬类明细科目设计。所以，会计核算科目体系搭建要考虑多科目之间的关联性。

5.　会计核算科目体系设计要预期稳定

会计核算科目体系设计属于基础性建设，其要稳定，才能确保会计核算科目体系使用顺畅。

当然，稳定是相对的，而不是绝对的，会计核算科目体系搭建要考虑未来调整的可能性与可行性，预留调整修正空间。

6.　会计核算科目体系层级实现方式多样

会计核算科目体系的层级可通过多级明细会计科目设置直接实现，也可通过会计软件的其他功能（如辅助核算）实现，企业可择一而用。

3.3.3　拟定清产核资工作计划

清产核资是财务规范基准日的主要工作，即以财务规范基准日为时点，对资产、负债、所有者权益进行全面清查核对，并和账面数据对照。

财务规范团队以财务规范基准日为时点，对各项实物资产和非实物资产进行清查核对，以实际数据为出发点，对规范期间的账实数据进行对比分析与处理，并对财务规范基准日后的规范核算设定账实相符的出发点。

为确保财务规范基准日清产核资工作顺利进行，财务规范团队应提前布局，制订好清产核资工作计划，组建清产核资工作小组，建立清产核资盘点审核规范。

3.3.4　开展清产核资前期清理

为了做好非实物资产的清查核对工作，可在财务规范基准日前就介入非实物资产的核实比对工作，减轻财务规范基准日清产核资的工作压力。

3.4　财务规范基准日后的财务规范工作安排

3.4.1　清产核资

（1）实物资产的清查盘点：对库存现金、存货、固定资产组织盘点，确认资产数量、使用状况、存放地点等各项信息。

（2）非实物资产的核对确认：对非实物资产如应收票据、应收账款、其他应收款、无形资产、长期待摊费用等非实物资产进行核对确认。

（3）负债的核对确认：对各项负债如短期借款、应付票据、应付账款、预收账款、应付职工薪酬、应交税费、其他应付款及长期负债等进行核对确认。

（4）所有者权益的核对确认：对实收资本（从设立之日起核查）、资本公积、盈余公积、未分配利润等所有者权益科目及其明细科目的发生、形成进行核对确认。

对实物资产的清查核对只能在财务规范基准日组织开展；对非实物资产（负债）的清查核对应从决策日开展，以减少财务规范基准日的清查核对工作。

清产核资过程中要坚持财务规范团队主导、财务部门牵头、业务部门配合，逐笔核对确认，尽力落实确认。需要强调的是，业务部门是承担清产核资工作的责任部门。

3.4.2　账实差异清理

大多数拟上市公司在财务规范基准日的财务账面与实际数据之间存在差

异，这些差异有大有小，然而这种差异仅是账实之间的差异，如未深入核查修正，难以揭示差异背后的原因。

财务规范基准日到来后，财务规范团队应安排企业财务人员及时进行会计核算处理，快速进行凭证录入、凭证审核、记账结账等基础性账务处理工作，及时取得财务规范基准日的各类基础数据。

以基础数据为基点，财务规范团队应带领企业财务及业务人员，对规范期间的各类账实发生额进行比较核对修正，发现差异、查找原因、规范处理，使规范期间的账实相符。

3.5　正反向思维应对财务规范基准日账实差异

3.5.1　财务规范基准日账实差异分析

1. 账实差异的类别

根据差异性质，账实差异可分为实质性差异和时间性差异。

实质性差异指业务性质偏差带来的差异，如无票购入固定资产、无票购入原材料、无票销售产品、无票支付相关费用、体外收取货款、体外支付薪酬或其他费用等。实质性差异往往与发票和公司主体等相关。

时间性差异指业务时间偏差带来的差异，如固定资产已投入使用发票未到、原材料已入库发票未到、业务已借支办理发票未到等。

综合来看，实质性差异与时间性差异的本质区别是业务本身有无合规的发票及主体是否正确。

2. 账实差异的联动

在核对、审查、清理、处置账实差异过程中，不能只关注单一的会计科目的账实差异，而应该全面关注账务涉及的会计科目。只有核对、审查、清理、处置完成后，账实差异清理工作才算完毕。这是因为账实差异不是孤立存在的，而是相互关联的。以应收账款及营业收入为例，说明如下。

（1）应收账款联动。

应收账款借方联动着营业收入的确认（营业收入贷方），应收账款贷方联动着银行（票据）回款。

（2）营业收入联动。

营业收入贷方联动应收账款的确认（应收账款借方），营业收入借方联动着本年利润贷方。

3.5.2　正向思维下的账实差异清理思路

产生账实差异的具体原因多种多样，正向思维下的账实差异清理思路如下。

（1）从规范期间的账面期初数出发。

（2）对规范期间的财务账面入和出与实物实际入和出进行对比。

（3）推导出财务规范基准日的财务账面数。

（4）反复进行账实对比，以期实现财务规范基准日的账面与实际相符。

以规范期间的账面期初数为基准是正向思维的逻辑出发点。正向思维认为，账面期初数是准确的、可信的。

为什么强调是账面期初数而不是实物期初数？因为如果认可实物期初数，就相当于认可实物管理部门的数量进销存体系数据，就不是在进行账实差异对比分析，而是单边采信，且没有解决账面与实物的差异问题。

正向思维下的账实差异清理分析往往举步维艰，甚至半途而废，因为以正向思维为主导进行清理，往往难以使财务规范基准日的账实相符。

3.5.3　反向思维下的账实差异清理思路

反向思维与正向思维恰好相反，反向思维下的账实差异清理思路为：从财务规范基准日（即规范期间的期末）数出发，对规范期间的入和出进行账实比对，找出并修正规范期间财务与业务的入和出差异，从而推导出规范期初的账实差异并对之修正处理。一般包括以下步骤。

（1）从规范期间的实物期末数出发。

（2）对规范期间的财务账面入和出与实物实际入和出进行对比。

（3）推导出财务规范基准日的账实数。

（4）反复进行账实对比，以期实现财务规范基准日的账面与实际相符。

以规范期间的实物期末数为基准是反向思维的逻辑出发点。反向思维认为实物期末数是准确、可信的。事实也的确如此。

反向思维下的账实差异清理分析是对规范期间财务与业务的入和出进行对比分析，从而形成正确的规范期间入和出，进而推导出规范期间的账实期初数。

不可否认，运用反向思维推导出的账实期初数与原有账面期初数存在差异，对于此类差异要继续深挖，如仍无法根除，则在规范期间的前期进行账务处理，确保其不会影响规范期间的实物进销存体系。

运用反向思维时往往会遇到理论上不应出现的情况，如存货为负数，这是不可能的，这说明遗漏了什么。

3.5.4　反向思维与正向思维关于账实差异清理思路的对比

不可否认，正向思维是清理账实差异的常规思路。即使知道反向思维的清理思路，大多数人还是对其充满疑惑，难以理解、难以信任，难以从正向思维中走出来。那么反向思维与正向思维相比，其优势在哪里呢？

1. 反向思维站在现实起点上

正向思维从规范期初出发，期望实现规范期末（即基准日）的账实相符，账实差异清理过程是反复的。若账实不相符，往往导致清理人员筋疲力尽、丧失信心。

反向思维的起点就在期望值上，即从规范期末（即基准日）的账实相符出发，倒推至规范期初。

2. 符合差异清理工作的重要性原则

差异的形成原因多种多样。可找出绝大部分差异原因的，但可能无法找到所有差异原因，这种情况下可运用重要性原则，其是指导相关人员抓大放小的核心原则之一。

3. 在实务中更有助于发现数据疏漏

两者的起点不同，但两者的工作方式本质上是趋同的，都是"建立模型—录入数据—查找差异—分析原因—处理差异"。在实务工作中，运用反向思维更有助于发现差异，而发现差异是差异清理的开头和关键。发现了差异，才能顺藤摸瓜，进而处理差异。

综合而论，反向思维是在上市公司财务规范实务工作中总结出来的核心思维。

反向思维常常适用于资产负债类会计科目的账实核对及差异清理之中，收入、费用、损益类科目在规范期间做到规范确认（归属）即可，确保账实清理中的相关信息无误，确保反向思维的顺利运用。

3.6 原路返回思路应对规范后的反向业务

3.6.1 正向业务与反向业务

正向业务指常规化的业务。例如，制造型企业采购与付款循环中的材料入库、材料到票冲暂估、采购付款等都属于正向业务。

反向业务是相对于正向业务而言的，其发生方向与正向业务相反，反向业务虽然不多见，但也属于正常业务。例如退货、退货红票冲销、采购退款等业务就是反向业务。

生产环节、销售环节、费用环节等各环节都可能出现反向业务，如果此类反向业务的处理不规范，可能带来数据统计分析上的障碍。

3.6.2 原路返回思路应用案例

传统方式在处理反向业务方面就业务实质而言有具体规定，但形式上没有固定的模式，会计人员往往根据自己的习惯编制会计凭证。

原路返回思路对反向业务的处理原则是强调"原路返回、金额为负"。

下面以主营业务收入确认为例，对传统方式和原路返回思路进行对比。

案例

某公司 2022 年 5 月实现销售收入 100 000 元，增值税销项税额 13 000 元。同时，2022 年 5 月收到客户退回以前月份销售的甲产品 3 个，对应以前月份的销售收入 3 000 元，对应增值税销项税额 390 元。上述业务均已开具增值税专用发票（或红票）。

2022 年 5 月针对退货业务，按传统方式和原路返回思路进行账务处理如下。

（1）客户退回甲产品（传统方式）。

借：主营业务收入——甲产品　　　　　　　　　　　　　　　　3 000

　　应交税费——应交增值税（销项税额）　　　　　　　　　　　390

　　贷：应收账款　　　　　　　　　　　　　　　　　　　　　　3 390

（2）客户退回甲产品（原路返回思路）。

借：应收账款　　　　　　　　　　　　　　　　　　　　　　　−3 390

　　贷：主营业务收入——甲产品　　　　　　　　　　　　　　　−3 000

　　　　应交税费——应交增值税（销项税额）　　　　　　　　　−390

两种处理下的主营业务收入明细账分别如表 3-1 和表 3-2 所示。

表 3-1　主营业务收入明细账（传统方式）

单位：元

日期	凭证字号	摘要	借方金额	贷方金额	方向	余额
2022-5-31	记 -100	本月营业收入确认		100 000.00	贷	100 000.00
2022-5-31	记 -101	本月甲客户退货	3 000.00		贷	97 000.00
2022-5-31	记 -200	本月损益结转	97 000.00		平	0.00
2022-5-31		本期合计	100 000.00	100 000.00	平	0.00
2022-5-31		本年累计	300 000.00	300 000.00	平	0.00

表 3-2　主营业务收入明细账（原路返回思路）

单位：元

日期	凭证字号	摘要	借方金额	贷方金额	方向	余额
2022-5-31	记 -100	本月营业收入确认		100 000.00	贷	100 000.00
2022-5-31	记 -101	本月甲客户退货		-3 000.00	贷	97 000.00
2022-5-31	记 -200	本月损益结转	97 000.00		平	0.00
2022-5-31		本期合计	97 000.00	97 000.00	平	0.00
2022-5-31		本年累计	297 000.00	297 000.00	平	0.00

　　从业务实质来看，传统方式与原路返回思路没有本质区别，只是借贷方形式上存在差异，但是后者能简化数据提取工作。以主营业务收入为例。传统方式下统计当月主营业务收入时应提取本月贷方发生额和本月借方发生额数据，两者之差为本月主营业务收入；原路返回思路下只需要提取本月贷方发生额数据。

　　由此可见，原路返回思路看似机械，但能简化财务报表数据提取工作，能正确反映明细账本期合计、本年合计数据，有效避免出现统计失误及分析偏差。

3.7　沿用原有账套与新设账套

　　拟上市公司在进行财务规范时，沿用原有账套还是新设账套也是令人纠结的事项。

3.7.1　沿用原有账套的优点与不足

　　拟上市公司沿用原有账套，其优点显而易见，可以确保整个账套体系的延续性，如可确保往来类科目账龄延续等。但不足之处也很明显，原有账套体系的架构可能不符合上市需求，而又无法有效搭建符合需求的会计核算架构。

3.7.2　新设账套的优点与不足

拟上市公司新设账套的优缺点与沿用原有账套刚好相反。新设账套可搭建能满足上市要求的会计核算架构，但往往与原有账套核算期间割裂，导致财务数据不连续（如账龄计算），不利于财务数据的跨期观察。

3.7.3　财务软件功能深度挖掘

基于原有账套和新设账套的优缺点，拟上市公司往往陷入选择困境。有没有两全之策呢？答案是有的。财务规范团队可充分利用财务软件的数据引出引入功能，实现原有账套与新设账套的有效结合，具体步骤如下。

（1）按照上市规范要求搭建新账套架构。

（2）将原有账套的会计凭证引导为 Excel 形式存放的会计凭证表。

（3）对原有账套 Excel 表格形式的会计凭证表按照新账套架构进行调整修正。

（4）将调整后的原有账套的会计凭证表导入新设账套。

（5）规范使用新设账套。

需要强调的是，对原有账套 Excel 表格形式的会计凭证表进行调整的目的是确保账套的延续，属于保真性调整，而不是大规模的实质性调整，不得影响原有会计凭证的顺序，避免影响查询后期的会计凭证原始单据。

企业上市申报数据中，营业收入无疑是最受关注的数据，然而很多企业因为营业收入的不规范而上市失败。

营业收入的规范确认，可以说是拟上市企业财务规范的核心内容，也算是财务规范体系的起点，引领着其他要素的财务规范工作。

4.1 会计准则与税收法律法规关于营业收入的对比分析

4.1.1 旧收入准则关于营业收入确认的规定

1. 关于销售商品收入确认的规定

旧收入准则第四条规定，销售商品收入同时满足下列条件的，才能予以确认：

（一）企业已将商品所有权上的主要风险和报酬转移给购货方；

（二）企业既没有保留通常与所有权相联系的继续管理权，也没有对已售出的商品实施有效控制；

（三）收入的金额能够可靠地计量；

（四）相关的经济利益很可能流入企业；

（五）相关的已发生或将发生的成本能够可靠地计量。

2．关于提供劳务收入确认的规定

旧收入准则第十一条规定，提供劳务交易的结果能够可靠估计，是指同时满足下列条件：

（一）收入的金额能够可靠地计量；

（二）相关的经济利益很可能流入企业；

（三）交易的完工进度能够可靠地确定；

（四）交易中已发生和将发生的成本能够可靠地计量。

4.1.2　新收入准则关于营业收入确认的规定

2017 年 7 月 5 日，财政部颁布了《企业会计准则第 14 号——收入》（财会〔2017〕22 号），也称为新收入准则。新收入准则要求在境内外同时上市的企业以及在境外上市并采用国际财务报告准则或企业会计准则编制财务报表的企业，自 2018 年 1 月 1 日起施行；其他境内上市企业，自 2020 年 1 月 1 日起施行。

关于收入的确认标准，新收入准则第五条规定，当企业与客户之间的合同同时满足下列条件时，企业应当在客户取得相关商品控制权时确认收入：

（一）合同各方已批准该合同并承诺将履行各自义务；

（二）该合同明确了合同各方与所转让商品或提供劳务（以下简称转让商品）相关的权利和义务；

（三）该合同有明确的与所转让商品相关的支付条款；

（四）该合同具有商业实质，即履行该合同将改变企业未来现金流量的风险、时间分布或金额；

（五）企业因向客户转让商品而有权取得的对价很可能收回。

在合同开始日即满足前款条件的合同，企业在后续期间无须对其进行重新评估，除非有迹象表明相关事实和情况发生重大变化。合同开始日通常是指合同生效日。

4.1.3　新旧收入准则关于营业收入确认的对比分析

新收入准则取代并汇总了旧收入准则和旧建造合同准则，并对收入的确认、计量、记录和报告等方面做出实质性的修正。

1. 将产品收入和建造合同收入纳入统一的收入确认模型

旧收入准则和建造合同准则在某些情形下边界不够清晰，可能导致类似的交易采用不同的收入确认方法，从而对企业财务状况和经营成果产生重大影响。新收入准则采用统一的收入确认模型来规范所有与客户之间合同产生的收入，且就"在一段时间内"还是"在某一时点"确认收入提供具体指引。

2. 以控制权转移替代风险报酬转移作为收入确认时点的判断标准

旧收入准则要求区分销售商品收入和提供劳务收入，并且强调在将商品所有权上的主要风险和报酬转移给购买方时确认销售商品收入，实务中有时难以判断。新收入准则打破商品和劳务的界限，要求企业在履行合同中的履约义务，即客户取得相关商品（或服务）控制权时确认收入，从而能够更加科学合理地反映企业的收入确认过程。

3. 对包含多重交易安排的合同的会计处理提供明确的指引

新收入准则对包含多重交易安排的合同的会计处理提供了更明确的指引，要求企业在合同开始日对合同进行评估，识别合同所包含的各项履约义务，按照所承诺商品（或服务）的相对单独售价将交易价格分摊至各项履约义务，进而在履行各履约义务时确认相应的收入。

4. 对某些特定交易（或事项）的收入确认和计量给出了明确规定

新收入准则对某些特定交易（或事项）的收入确认和计量给出了明确规定。例如，附有销售退回条款的销售、附有质量保证条款的销售、附有客户额外购买选择权的销售、向客户授予知识产权许可、售后回购、无须退还的初始费等。

4.1.4 税收法律法规关于营业收入确认的规定

《国家税务总局关于确认企业所得税收入若干问题的通知》（国税函〔2008〕875号）规定，除企业所得税法及实施条例另有规定外，企业销售收入的确认，必须遵循权责发生制原则和实质重于形式原则。企业销售商品同时满足下列条件的，应确认收入的实现：

（1）商品销售合同已经签订，企业已将商品所有权相关的主要风险和报酬转移给购货方；

（2）企业对已售出的商品既没有保留通常与所有权相联系的继续管理权，也没有实施有效控制；

（3）收入的金额能够可靠地计量；

（4）已发生或将发生的销售方的成本能够可靠地核算。

4.1.5　新旧收入准则与税收法律法规关于营业收入确认的对比分析

新旧收入准则和税收法律法规关于收入确认的规定都是采用权责发生制原则，即：属于当期的收入，即使没有收到现金，也需要作为当期的收入；不属于当期的收入，即使收到货款，也不作为当期的收入在经营成果中核算。

新旧收入准则与税收法律法规关于收入确认的规定存在以下不同。

1．确认收入的政策依据不同

会计（收入准则）收入的确认依据是企业会计准则及其相关配套规章，如收入准则明确规定了企业会计收入确认的条件。

税法（税收法律法规）收入的确认依据是企业所得税法实施条例及其相关配套规章，如企业所得税法实施条例对企业所得税收入的确认进行了系统的规定。

2．收入包含的内容不同

会计收入与税法收入既有联系又有区别，既有会计认为是收入但税法认为不是收入（免税或不征税）的情况，也有会计认为不是收入但税法认为是收入（视同销售）的情况。

会计收入包括企业在生产过程中发生的主营业务收入、其他业务收入、营业外收入、资产处置收入、对外投资收益等企业经营中的全部收入，也就是说，与企业经济利益相关的收入均为会计收入确认的内容。

税法收入包括的内容比较宽泛，即只要是企业取得的收益，均作为企业应纳税收入计算，包括应税收入、不征税收入和免税收入（不征税收入和免税收入在计算应纳税所得额时扣除）；当然还有不作为会计收入的价外费用和视同销售的收入，如企业自产产品用于对外投资、内部员工福利等均视同销售确认收入。

3. 确认收入的条件和时间不同

会计收入确认的主要条件有商品控制权（旧收入准则为风险）转移给购货方，收入和成本的金额能够可靠地计量，以及经济利益可以流入企业。如果企业满足以上收入确认的主要条件，便可以确认企业的会计收入。

税法收入确认的主要条件和时间，与企业收入的结算方式有着很大的关系，如直接收款方式、托收承付、赊销和分期收款、预收货款、委托代销、分期收款方式、受托加工、建筑安装、产品分成等。

4. 关注的焦点有所不同

关于现金收益（流量），不管是旧收入准则直观表述为"相关的经济利益很可能流入企业"，还是新收入准则含蓄表述为"合同具有商业实质，即履行合同将改变企业未来现金流量的风险、时间分布或金额"，新旧收入准则都要求企业在现金收益（流量）明确的情况下才能确认收入。

然而，税收法律法规没有将现金收益（流量）可明确作为确认收入的条件之一。

这是因为两者的出发点和目的不同。税收法律法规在乎税收的可确定、可计量，至于现金收益（流量）能否实现（流入），不是税收法律法规关注的焦点。

综合而论，会计收入和税法收入既有区别又有联系，企业应纳税所得额源于企业的会计利润，纳税调整在会计利润的基础上进行，并形成时间性差异和永久性差异等税会差异。

会计收入和税法收入区别见表4-1。

表4-1　会计收入和税法收入区别

序号	《企业会计准则第14号——收入》（2006年）	《企业会计准则第14号——收入》（2017年）	《国家税务总局关于确认企业所得税收入若干问题的通知》（国税函〔2008〕875号）
1	企业已将商品所有权上的主要风险转移给购货方	合同各方已批准该合同并承诺将履行各自义务	商品销售合同已经签订，企业已将商品所有权相关的主要风险和报酬转移给购货方

邮

电

序号	《企业会计准则第 14 号——收入》（2006 年）	《企业会计准则第 14 号——收入》（2017 年）	《国家税务总局关于确认企业所得税收入若干问题的通知》（国税函〔2008〕875 号）
2	企业既没有保留通常与所有权相联系的继续管理权，也没有对已售出的商品实施有效控制	该合同明确了合同各方与所转让商品或提供劳务相关的权利和义务	企业对已售出的商品既没有保留通常与所有权相联系的继续管理权，也没有实施有效控制
3	收入的金额能够可靠计量	该合同有明确的与所转让商品相关的支付条款	收入的金额能够可靠地计量
4	相关的经济利益很可能流入企业	该合同具有商业实质，即履行合同将改变企业未来现金流量的风险、时间分布或金额	
5	相关的已发生或将发生的成本能够可靠地计量	企业因向客户转让商品而有权取得的对价很可能收回	已发生或将发生的销售方的成本能够可靠地核算

4.1.6　发票开具与营业收入确认

不管是新旧收入准则，还是税收法律法规，都没有把发票开具和取得作为收入确认的依据。

所以，在上市企业财务规范实务中要摒弃所谓的发票开具和取得即确认收入的理解偏差与误解，应严格按照企业会计准则和税收法律法规进行收入确认及会计核算。

4.2　税收法律法规的视同销售

视同销售是税收概念而非会计概念，指未对外销售，一般没有直接的现金流入，但是确实发生了货物所有权的转移，应在税法上作为销售收入计缴税金的商品或劳务的转移行为。

4.2.1 增值税视同销售

增值税视同销售行为是指在本环节没有直接发生有偿转让，但也要按照正常销售征税的行为。视同销售是指因会计和税法在确认收入方面的口径不同，会计上一般不作为销售，而税法上作为销售处理的经济事项。

《增值税暂行条例实施细则》规定，单位或者个体工商户的下列行为，视同销售货物：

（1）将货物交付其他单位或者个人代销；

（2）销售代销货物；

（3）设有两个以上机构并实行统一核算的纳税人，将货物从一个机构移送其他机构用于销售，但相关机构设在同一县（市）的除外；

（4）将自产或者委托加工的货物用于非增值税应税项目；

（5）将自产、委托加工的货物用于集体福利或者个人消费；

（6）将自产、委托加工或者购进的货物作为投资，提供给其他单位或者个体工商户；

（7）将自产、委托加工或者购进的货物分配给股东或者投资者；

（8）将自产、委托加工或者购进的货物无偿赠送其他单位或者个人。

以上几种视同销售行为，从纳税的角度来看，应作为销售货物需缴纳增值税，同时计算缴纳企业所得税。目的有两个：一是保证增值税税款抵扣制度的实施，不会因发生上述行为而造成税款抵扣环节的中断；二是避免发生上述行为造成货物销售税负不平衡的矛盾，防止以上述行为逃避纳税。

企业发生增值税视同销售行为，应当按照企业会计准则相关规定进行相应的会计处理，并按照现行增值税制度规定计算销项税额（或采用简易计税方法计算应纳增值税税额），借记"应付职工薪酬""利润分配"等科目，贷记"应交税费——应交增值税（销项税额）""应交税费——简易计税"科目（小规模纳税人应记入"应交税费——应交增值税"科目）。

不属于视同销售的情形：

（1）设有两个以上机构并实行统一核算的纳税人，将货物从一个机构移送其他机构用于销售，但相关机构设在同一县（市）的；

（2）个人（指自然人）无偿赠送货物；

（3）个人向其他单位或者个人无偿提供服务；

（4）单位或者个体工商户向其他单位或者个人无偿提供服务，用于公益事业或者以社会公众为对象；

（5）单位或者个人向其他单位或者个人无偿转让无形资产或者不动产，用于公益事业或者以社会公众为对象；

（6）纳税人出租不动产，租赁合同中约定免租期的，不属于《营业税改征增值税试点实施办法》（财税〔2016〕36 号附件 1）第十四条规定的视同销售服务，不征收增值税；

（7）药品生产企业销售自产创新药的销售额，为向购买方收取的全部价款和价外费用，其提供给患者后续免费使用的相同创新药，不属于增值税视同销售范围。

4.2.2　增值税进项税额转出

增值税进项税额转出是指购进的货物改变用途或发生非正常损失时，不得抵扣进项税额。如果在购进时已抵扣进项税额，需要在改变用途当期做进项税额转出处理。

案例

2022 年 5 月，某公司发生以下事项。

库存材料因管理不善发生意外火灾损失，有关增值税专用发票注明的材料成本为 20 000 元，增值税税额为 2 600 元。

领用一批外购原材料用于集体福利，该批原材料的成本为 60 000 元，购入时支付的增值税进项税额为 7 800 元。

账务处理如下。

（1）意外火灾损失。

借：待处理财产损溢　　　　　　　　　　　　　　　　　　　22 600

　　贷：原材料　　　　　　　　　　　　　　　　　　　　　　20 000

　　　　应交税费——应交增值税（进项税额转出）　　　　　　2 600

（2）材料用于集体福利。

借：应付职工薪酬——职工福利费   67 800

      贷：原材料   60 000

          应交税费——应交增值税（进项税额转出）   7 800

根据企业会计准则相关规定，企业购进的物资发生非正常损失，以及购进物资改变用途等，其进项税额应相应转入有关账户。根据这一规定可知，企业的存货减少，只有在下列两种情况下，才能将进项税额转出：一是存货发生非正常损失，二是存货改变用途。

在存货减少时，要正确区分在何种情况下应视同销售行为，在何种情况下应将进项税额转出。为此，首先要明确两个概念，即什么是非正常损失，什么是改变用途。

所谓非正常损失，是指正常损失（即自然损耗、合理损耗、定额内损耗）以外所造成的损失。如自然灾害、人为责任事故、管理不善等原因造成的损失。凡是货物发生非正常损失，都应将其进项税额转出。

所谓改变用途，是指货物未用于生产应税产品而是用于其他方面，如用于集体福利、个人消费、投资、偿债、捐赠、利润分配等。

进项税额转出的方法也分两种情况，即：有确定的进项税额时，按原抵扣的进项税额转出；无法准确确定该进项税额时，按当期实际成本（即买价＋运费＋保险费＋其他有关费用）计算应扣减的进项税额。

案例

某汽车厂某月自产的 10 辆汽车被盗，每辆成本为 30 000 元（材料成本占 65%），每辆对外销售额为 42 000 元。自产汽车被盗，发生非正常损失的产成品所耗用原材料的进项税额要做转出处理。因无法准确确定该进项税额，所以按实际成本计算应扣减的进项税额。应扣减的进项税额 =30 000×65%×13%×10=25 350（元）。

4.2.3 增值税视同销售与进项税额转出的对比分析

1. 增值税视同销售与进项税额转出的对比

视同销售简而言之，自己的产品，无论送人、对外投资或自己留用，都应与卖出产品一样缴税。

为何要做进项税额转出呢？因为物品没有在市场上产生增值，而是用于非应税项目、集体福利、个人消费或因为非正常损耗等损失掉了，但这些物品所包含的进项税额已经抵扣。换言之，这些被抵扣的进项税额，未来不会产生销项税额，所以必须对应地将其转出。

视同销售行为和进项税额转出这两类业务有一个共同的前提，即交易只存在进项税额，不存在销项税额。视同销售和进项税额转出是解决这一问题的两种做法。

2. 如何判断增值税视同销售和进项税额转出

首先看增值，其次看内外。

如果增值，做视同销售处理。生产的产品或委托加工的产品增值，不论对内（用于个人消费、集体福利、非应税项目）还是对外（分配、捐赠、投资），都做视同销售处理。

如果未增值，则看对内还是对外：对内，做进项税额转出处理；对外，做视同销售处理。

购进的材料未增值：对内（如用于个人消费、集体福利、非应税项目等），做进项税额转出处理；对外（分配、捐赠、投资），做视同销售处理。

蛋糕厂生产的糕点：发给员工，做视同销售处理；送给客户，做视同销售处理。

蛋糕厂自购的鸡蛋：发给员工，做进项税额转出处理；送给客户，做视同销售处理。

4.2.4　企业所得税视同销售

《企业所得税法实施条例》规定，企业发生非货币性资产交换，以及将货物、财产、劳务用于捐赠、赞助、集资、广告、样品、职工福利或者利润分配等用途的，应当视同销售货物、转让财产和提供劳务，但国务院财政、税务主管部门另有规定的除外。

《国家税务总局关于企业处置资产所得税处理问题的通知》（国税函〔2008〕828号）规定，企业发生下列情形的处置资产，除将资产转移至境外以外，由于资产所有权属在形式和实质上均不发生改变，可作为内部处置资产，不视同销售确认收入，相关资产的计税基础延续计算：将资产用于生产、制造、加工另一产品；改变资产形状、结构或性能；改变资产用途（如，自建商品房转为自用或经营）；将资产在总机构及其分支机构之间转移；上述两种或两种以上情形的混合；其他不改变资产所有权属的用途。

企业将资产移送他人的下列情形，因资产所有权属已发生改变而不属于内部处置资产，应按规定视同销售确定收入：用于市场推广或销售；用于交际应酬；用于职工奖励或福利；用于股息分配；用于对外捐赠；其他改变资产所有权属的用途。

企业以买一赠一等方式组合销售本企业商品的，不属于捐赠，应将总的销售金额按各项商品的公允价值的比例来分摊确认各项的销售收入。

4.3 审计报告与年度报告关于营业收入的披露

4.3.1 审计报告中的营业收入披露

注册会计师在审计报告的附注披露收入确认政策，同时披露营业收入（成本）的本期与上期对比分析，如表 4-2 所示。

表 4-2 营业收入和营业成本披露

项目	本期发生额		上期发生额	
	收入	成本	收入	成本
主营业务				
其他业务				
合计				

4.3.2 年度报告中的营业收入披露

年报准则要求上市公司在主要财务指标、管理层讨论与分析、财务报告等板块披露营业收入相关信息。

（1）T 年（即本年）、$T-1$ 年、$T-2$ 年的营业收入及本期比上年同期增减比例。

（2）按行业、产品、地区、销售模式说明报告期内公司营业收入构成情况。对于占公司营业收入或营业利润 10% 以上的行业、产品、地区、销售模式，应当分项列示其营业收入、营业成本、毛利率，并分析其变动情况。

（3）披露公司向前 5 名客户销售额占年度销售总额的比例，前 5 名客户销售额中关联方销售额占年度销售总额的比例。

年度报告中的企业收入披露如表 4-3 至表 4-11 所示。

表 4-3 主要会计指标

主要会计指标	2021 年	2020 年	本期比上年同期增减（%）	2019 年
营业收入				
归属于上市公司股东的净利润				
扣除与主营业务无关的业务收入和不具备商业实质的收入后的营业收入				
归属于上市公司股东的扣除非经常性损益后的净利润				
经营活动产生的现金流量净额				
归属于上市公司股东的净资产				
总资产				

表 4-4 分季度主要财务指标

分季度主要财务指标	第一季度	第二季度	第三季度	第四季度
营业收入				
归属于上市公司股东的净利润				

分季度主要财务指标	第一季度	第二季度	第三季度	第四季度
归属于上市公司股东的扣除非经常性损益后的净利润				
经营活动产生的现金流量净额				

表 4-5　主营业务分析：利润表及现金流量表相关项目变动分析

项目	本期数	上年同期	变动比例（%）
营业收入			
营业成本			
销售费用			
管理费用			
研发费用			
财务费用			
经营活动产生的现金流量净额			
投资活动产生的现金流量净额			
筹资活动产生的现金流量净额			
投资收益			
公允价值变动收益			
信用减值损失			
资产减值损失			
资产处置收益			

表 4-6　主营业务分行业情况

行业	营业收入	营业成本	毛利率（%）	营业收入比上年增减（%）	营业成本比上年增减（%）	毛利率比上年增减（%）
行业 1						
行业 2						
行业 3						

行业	营业收入	营业成本	毛利率（%）	营业收入比上年增减（%）	营业成本比上年增减（%）	毛利率比上年增减（%）
行业 4						
行业 5						
……						
合计						

表 4-7　主营业务分产品情况

产品	营业收入	营业成本	毛利率（%）	营业收入比上年增减（%）	营业成本比上年增减（%）	毛利率比上年增减（%）
产品系列 1						
产品系列 2						
产品系列 3						
产品系列 4						
产品系列 5						
……						
合计						

表 4-8　主营业务分区域情况

区域	营业收入	营业成本	毛利率（%）	营业收入比上年增减（%）	营业成本比上年增减（%）	毛利率比上年增减（%）
区域 1						
区域 2						
区域 3						
区域 4						
区域 5						
…						
合计						

表 4-9 主营业务分模式情况

模式	营业收入	营业成本	毛利率（%）	营业收入比上年增减（%）	营业成本比上年增减（%）	毛利率比上年增减（%）
模式 1						
模式 2						
模式 3						
模式 4						
模式 5						
……						
合计						

表 4-10 产销量情况分析

主要产品	单位	生产量	销售量	库存量	生产量比上年增减（%）	销售量比上年增减（%）	库存量比上年增减（%）
产品 1							
产品 2							
产品 3							
产品 4							
产品 5							
……							
合计							

表 4-11 前 5 名客户销售情况

客户名称	销售金额	占年度营业收入比例（%）
客户 1		
客户 2		
客户 3		
客户 4		
客户 5		
合计		

4.4　营业收入核算的财务规范

案例：营业收入确认不实——某科技公司成为科创板被否第一单

2019 年 10 月 31 日，证监会出具三张警示函，均指向了某科技公司科创板 IPO 事项。

某科技公司招股说明书申报稿显示，该公司于 2018 年 12 月 28 日、12 月 29 日签订并于当年签署验收报告的 4 份重大合同（合计金额 15 859.76 万元），2018 年底均未回款且未开具发票，该公司却将上述 4 份合同收入确认在 2018 年。

在上交所审核过程中，某科技公司以谨慎性为由，对上述 4 份合同收入确认时点进行调整，调整为满足合同约定并且主要经济利益已经流入公司后再予以确认收入。据此，某科技公司相应调减 2018 年主营业务收入 13 682.84 万元，调减净利润 7 827.17 万元，扣除非经常性损益后归属于母公司所有者的净利润由调整前的 8 732.99 万元变为调整后的 905.82 万元，调减金额占扣除非经常性损益前归属于母公司所有者的净利润的 89.63%。

证监会认为，上述 4 份重大合同相关收入确认的信息披露前后不一致且有实质性差异。证监会指出，发行人将该会计差错更正认定为特殊会计处理事项的理由不充分，不符合企业会计准则的要求，发行人存在内部控制制度薄弱等问题。

证监会表示，按照《科创板首次公开发行股票注册管理办法（试行）》的相关规定，决定对某科技公司采取出具警示函的行政监督管理措施，对公司 IPO 注册申请做出不予注册的决定。

某科技公司因在科创板 IPO 注册申请过程中存在信息披露前后不一致且有实质性差异问题，保荐机构及两名保荐代表人被证监会采取出具警示函的行政监督管理措施。

案例点评如下。

营业收入确认不容儿戏，尤其是金额巨大的营业收入确认。

案例：广东柏堡龙股份有限公司营业收入造假

广东柏堡龙股份有限公司（以下简称柏堡龙）通过虚构与万杰隆集团及其关联方万杰隆电子商务（以下简称万杰隆）之间的服装设计、组织生产业务，虚增营业收入和利润总额。2013年至2018年柏堡龙累计虚增营业收入1 276 355 996.12元，累计虚增利润总额410 277 766.64元。其中：2013年虚增营业收入145 917 290.72元，虚增利润总额47 850 914.29元，占柏堡龙当年利润总额的40.47%，虚增净利润41 231 995.56元；2014年虚增营业收入214 377 724.44元，虚增利润总额63 285 230.33元，占柏堡龙当年利润总额的50.83%，虚增净利润54 584 161.71元；2015年虚增营业收入294 071 376.03元，虚增利润总额96 164 052.80元，占柏堡龙当年利润总额的68.25%，虚增净利润82 810 982.80元；2016年1月至9月虚增营业收入208 028 265.83元，虚增利润总额64 920 038.15元，占柏堡龙当期利润总额的69.43%，虚增净利润54 922 705.25元；2016年虚增营业收入237 158 723.23元，虚增利润总额77 338 156.66元，占柏堡龙当年利润总额的56.86%，虚增净利润67 310 030.27元；2017年虚增营业收入243 190 547.39元，虚增利润总额71 847 751.78元，占柏堡龙当年利润总额的48.48%，虚增净利润62 681 770.92元；2018年虚增营业收入141 640 334.31元，虚增利润总额53 791 660.78元，占柏堡龙当年利润总额的24.67%，虚增净利润47 282 316.43元。上述事项导致柏堡龙首次公开发行股票招股说明书（报告期2012年至2014年）、2016年非公开发行股票发行情况报告书暨上市公告书（报告期2013年至2016年1-9月）、2015年至2018年年报存在虚假记载。

对相关责任当事人处以罚款和市场禁入的处罚。

案例点评如下。

柏堡龙十年前开始业绩造假，持续五六年之久、金额巨大，十年后终被查处，说明手法再高明，违法行为都会被查获。

案例：东方金钰采购销售合同造假

姐告宏宁（东方金钰控制企业）控制19个银行账户，虚构销售和采购交易资金流，该19个银行账户分为三组：第一组为普某腊、保某、李某青、凤某、自某堵、张某梅等六名名义客户的银行账户；第二组为董某成、邵某丽、木某1、木某2、余某光、方某华、双某石等七名自然人中转方的银行账户；第三组为李某退、蒋某东、宝某明、吴某龙、杨某荣、董某先等六名名义供应商的银行账户。

姐告宏宁通过虚构销售合同及现金流等手段，虚构与保某、李某青、自某堵、普某腊、凤某、张某梅之间的销售交易，2016 年至 2018 年半年度报告期间分别虚增营业收入 14 169.09 万元、29 487.1 万元、12 000 万元，共计 55 656.19 万元。

同时，姐告宏宁通过伪造采购合同等方式，虚构与宝某明、董某先、蒋某东、李某退、吴某龙、杨某荣之间的采购交易，2016 年至 2017 年分别虚增材料采购 20 104.02 万元、61 714.1 万元，共计 81 818.12 万元。

通过虚构的销售交易和采购交易，东方金钰 2016 年年度报告虚增营业收入 14 169.09 万元，虚增营业成本 4 665 万元，导致虚增利润总额 9 504.09 万元，占当年合并利润表利润总额的 29.6%；2017 年年度报告虚增营业收入 29 487.1 万元，虚增营业成本 11 038.9 万元，导致虚增利润总额 18 448.2 万元，占当年合并利润表利润总额的 59.7%。东方金钰 2018 年半年度报告虚增营业收入 12 000 万元，虚增营业成本 4 100 万元，虚增应收账款 7 720 万元，虚增利润总额 7 900 万元，占 2018 年半年度报告利润总额的 211.48%。

案例点评如下。

东方金钰，一个对于翡翠行业来说绝不陌生的名字。从赫赫有名的翡翠第一股到被中止上市，行内常用"成也翡翠，败也翡翠"来对其进行总结。

某些拟上市公司为了获得平滑的业绩曲线，企图利用营业收入粉饰业绩，这往往搬起石头砸自己的脚。造假账务数据难以通过会计师事务所的审计和保荐机构的审核，即使通过了审计，也常常在证监会审核（注册）机构的问询下暴露。

以营业收入的时间性平移为例，某公司将本年 12 月业绩平移至次年 1 月，这不仅涉及营业收入的确认，还可能导致正常的应收账款变成不合商业常理的预收账款、本年末的存货（成品、材料等）超出正常范畴、产量能耗比例异常等情形，在核查中难以自圆其说，相当于不打自招。

4.4.1　营业收入会计科目的设置

企业的营业收入一般分类为主营业务收入和其他业务收入。

主营业务收入指企业经常性的、主要业务所产生的收入，如制造业的销售产品、半成品和提供工业性劳务作业的收入，商品流通企业的销售商品收入，旅游服务业的门票收入、餐饮收入等。主营业务收入在企业收入中所占的比重较大，对企业的经济效益有着相当大的影响。

其他业务收入是指企业主营业务收入以外的所有通过销售商品、提供劳务及让渡资产使用权等日常活动所形成的经济利益的流入，如材料物资及包装物销售、无形资产转让、固定资产出租、包装物出租、运输、废旧物资出售等形成的收入等。其他业务收入是企业从事除主营业务以外的其他业务活动所取得的收入，具有不经常发生、每笔业务金额一般较小、占收入的比重较低等特点。

主营业务收入和其他业务收入的分类没有明确的区分依据，企业可根据行业特点、业务规模、管理风格等自行分类。

企业在主营业务和其他业务分类之下，还可按照产品（服务）系列对营业收入进行分类。

在主营业务与其他业务、产品系列分类之后，企业要规范、可持续使用产品（服务）的名称。

年报准则要求企业编制年度报告时应当遵循证监会上市公司行业分类的有关规定，所以企业在营业收入会计科目设置及使用时要参考证监会上市公司行业分类对客户加以区分。

4.4.2　营业收入常见业务的规范

营业收入常见业务包括营业收入的确认、营业收入的结转等。

案例

某公司 2022 年 5 月向华中区 HB 省的甲客户销售 A 系列的 a 产品 100 个，实现销售收入 100 000 元，增值税销项税额 13 000 元。

账务处理如下。

（1）营业收入确认。

借：应收账款——华中——HB——甲客户　　　　　　　113 000
　　贷：主营业务收入——A 系列——a 产品——华中——HB　100 000
　　　　应交税费——应交增值税（销项税额）　　　　　　13 000

（2）营业收入结转。

借：主营业务收入——A 系列——a 产品——华中——HB　　　100 000

　　贷：本年利润　　　　　　　　　　　　　　　　　　　　　　100 000

4.4.3　营业收入原路返回思路的运用

营业收入反向业务包括冲销营业收入确认、冲销营业收入结转等。

案例

接上例，同月华南区 GD 省的乙客户发生 a 产品销售退货 3 个，对应销售收入
3 000 元，增值税销项税额 390 元。

账务处理如下。

（1）冲销营业收入确认。

借：应收账款——华南——GD——乙客户　　　　　　　　　　 −3 390

　　贷：主营业务收入——A 系列——a 产品——华南——GD　　 −3 000

　　　　应交税费——应交增值税（销项税额）　　　　　　　　　 −390

（2）冲销营业收入结转。

借：主营业务收入——A 系列——a 产品——华南——GD　　　 −3 000

　　贷：本年利润　　　　　　　　　　　　　　　　　　　　　　 −3 000

营业收入核算是销售与收款循环的核心步骤，包括正向业务（产品销售）
和反向业务（产品退货、折扣、折让等）。需要强调的是，反向业务要严格按照
"原路返回、金额为负"的原则进行处理。

营业收入使用口诀：收入确认在贷方、收入结转在借方、销售退回贷方
负、结转冲销借方负。

4.4.4　营业收入账实差异的原因与清理

1. 营业收入账实差异的原因

规范期间的拟上市企业往往处于有限公司阶段，由于管理经验、内部控
制、重视程度等因素，会计核算存在不符合企业会计准则及税收法律法规的行
为，常见的营业收入不规范行为如下。

（1）无票销售：客户因成本因素不需要开具发票，客户回款也不纳入企业体系等。

（2）虚开发票：将甲客户不需要的发票开给乙客户；应该开 A 产品的发票开具成 B 产品的发票；应该开小金额的发票开具成大金额的发票。

（3）其他不规范行为：收入按收付实现制确认；收入以开票为时点确认；收入提前或滞后确认；收入确认凭证不完整；代理或买方提供结算数据不及时或不准确；大额退货处理不规范，当期确认大额退回调整收入。

2．营业收入账实差异的清理

营业收入作为典型的规范要素，账实差异的清理思路是在规范期间以及未来时期规范地确认。

企业要绝对重视营业收入的规范确认，营业收入的规范确认牵连着应收账款的确认、营业成本的配比，乃至材料采购的核算。

财务规范团队作为企业代表会同中介机构一起商议规范期间的规范思路和方法，对症下药，根据重要性原则进行甄别处理。需要注意的是，补缴税款后要对规范期间的企业所得税汇算清缴进行重新申报（或更正申报）。

如果营业收入不规范，性质较严重或不规范金额较大，影响到股份制改造或申报期间的审计报告及其他资料的编制与审核。

关注企业上市申报数据中营业收入时，不可避免地会同时关注营业成本。与营业收入的配比贯穿了营业成本的规范化处理全过程，这也是企业上市核查的重要关注点。

5.1 营业成本与营业收入的配比关系

5.1.1 基于权责发生制的配比原则

配比原则指企业在进行会计核算时，收入与为取得该收入所发生的成本、费用应当相互配比，同一会计期间内的各项收入和与其相关的成本、费用，应当在该会计期间内确认。

配比原则以权责发生制为基础，并受持续经营与会计分期两个前提的制约。

配比原则有两层含义：一是因果配比，即收入与其对应的成本、费用相配比，如主营业务收入与主营业务成本相配比、其他业务收入与其他业务成本相配比；二是时间配比，即一定时期的营业收入与同时期的营业成本相配比。

5.1.2 会计规范的配比原则

《企业会计准则——基本准则》第十二条规定，企业应当以实际发生的交易或者事项为依据进行会计确认、计量和报告，如实反映符合确认和计量要求的各项会计要素及其他相关信息，保证会计信息真实可靠，内容完整。

第九条规定，企业应当以权责发生制为基础进行会计确认、计量和报告。凡是当期已经实现的收入和已经发生或应当负担的费用，不论款项是否收付，都应当作为当期的收入和费用；凡是不属于当期的收入和费用，即使款项已在当期收付，也不应当作为当期的收入和费用。

5.1.3　税收法律法规的相关性原则

《企业所得税法》第八条规定，企业实际发生的与取得收入有关的、合理的支出，包括成本、费用、税金、损失和其他支出，准予在计算应纳税所得额时扣除。

《企业所得税法实施条例》第九条规定，企业应纳税所得额的计算，以权责发生制为原则，属于当期的收入和费用，不论款项是否收付，均作为当期的收入和费用；不属于当期的收入和费用，即使款项已经在当期收付，均不作为当期的收入和费用。

5.1.4　营业成本与营业收入的配比关系的体现

营业成本是指企业对外销售商品、提供劳务等主营业务活动和销售材料的成本、出租固定资产的折旧额、出租无形资产的摊销额、出租包装物的成本或摊销额等其他经营活动所发生的实际成本。

对于制造业产成品销售来说，营业成本是由期初库存产品成本加上本期入库产品成本，再减去期末库存产品成本求得的。营业成本的配比主要分为以下两类。

（1）支出范围配比。企业日常发生的各种支出，应根据其性质及用途与其相应的资金来源相匹配并得到补偿，支出与收入相比较，确定经营成果。

（2）支出期间配比。一定会计期间所发生的支出，如果应该归属于当期产品的成本，则应计入当期的生产、销售成本；如果不应归属于当期产品的成本，则即使已经发生或支付，也不能计入当期成本。有些成本即使还没有发生或支付，但应当计入当期产品成本，也应由本期产品负担。

情景剧：段老师俗解配比原则。

小张：段老师，您能否通俗地解释什么是配比原则？

段老师：营业收入与营业成本之间的关系就体现了配比原则，我们用一个卖水果的例子来解释配比原则的五大要点。

（1）品类配比：苹果的收入，不能匹配梨子的成本。

（2）规格配比：大苹果的收入，不能匹配小苹果的成本。

（3）数量配比：10 个苹果的收入，不能只匹配 8 个苹果的成本。

（4）期间配比：10 月卖的苹果的收入，不能匹配 9 月的成本。

（5）客户配比：10 月卖给甲客户的苹果的收入，不能匹配 10 月卖给乙客户的成本（主要针对定制化产品）。

小张：段老师解释后，我就明白了。

5.1.5　毛利率指标备受关注的原因

案例：飞鹿股份因为毛利率异常 IPO 被否

2017 年 5 月，飞鹿股份 IPO 过会，其实，这已经是其第二次 IPO 进程，在此之前，飞鹿股份已经经历了一次失败的 IPO 进程。

2015 年 6 月 26 日飞鹿股份第一次上会审查，创业板发审委要求飞鹿股份就与关联方南车株洲 2014 年度涂料涂装一体化业务的毛利率及毛利占营业利润的比例做出解释，审核人员对飞鹿股份与关联方南车株洲的涂料涂装一体化业务毛利率高于非关联方产生怀疑，认为存在业绩粉饰和利益输送。

正是因为毛利率异常，飞鹿股份首次上会被否。

案例：透过毛利率再看万福生科业绩造假案

万福生科成立于 2003 年，2009 年完成股份制改造，2011 年 9 月在深圳证券交易所挂牌上市，是一家集粮食收储，大米和油脂加工，大米、淀粉、糖和蛋白粉系列产品生产、销售及科研开发于一体的省级农业产业化龙头企业、省级高新技术企业。

2012 年 8 月，湖南证监局在对万福生科的例行检查中偶然发现两套账本，万福生科财务造假问题由此浮现。调查结果显示，万福生科上市前于 2008—2010 年分别累计虚增销售收入约 46 000 万元，虚增营业利润约 11 298 万元；上市后披露的

2011年年报和2012年半年报累计虚增销售收入44 500万元,虚增营业利润10 070万元,前后都涉及业绩造假。

单从万福生科毛利率入手,一般的财务人员就能预感其业绩必有问题。

万福生科2008—2012年毛利率分别为22.78%、24.66%、23.93%、21.21%、14.41%。同属于农产品加工行业、首批农业产业化国家重点龙头企业的上市公司——金健米业股份有限公司2008—2012年的毛利率分别为11.82%、16.53%、15.89%、10.62%、13.49%。两者同在湖南省常德市,主营业务同为稻米精深加工,但是毛利率悬殊,让人难以置信。

案例点评如下。

如果只能选择一个指标分析上市公司业绩,毛利率无疑是个不错的选择。如果想花很少的时间去了解一家上市公司,可以对其近三四年的毛利率进行对比,如果能按照季度报表对比效果更好。

业绩造假或重大内控失误,都可以从毛利率中看出端倪。

毛利率=(营业收入-营业成本)÷营业收入×100%

为什么毛利率是上市审核主要关注的指标?原因有三点。

1. 毛利率内涵丰富,深挖毛利率甚至可观企业运营全貌

毛利率体现了企业进行生产经营获取的产品附加值情况,也可以说毛利率是体现营业成本与营业收入匹配关系的指标。通过横向、纵向对比毛利率,可以判断企业在行业内的市场地位和未来发展的趋势。

毛利率是一项综合性指标,涉及市场竞争、企业营销、研发成本、品牌效应、固定成本、技术成本、技术工艺、存货周转率、产品生命周期、产品部件、会计处理等诸多因素。

2. 毛利率的异常表现可提示企业风险

拟上市企业的毛利率异常关键,因为通过观察拟上市企业的毛利率的波动情况,并与同时期的可比上市企业毛利率进行比较,可得出拟上市企业的业务运营的内在风险。

企业毛利率呈逐渐下降趋势,通过审核的情况极少见,因为毛利率逐渐下降直接说明企业的竞争力和盈利能力正在减弱。

毛利率大幅波动,则拟上市企业毛利率的真实性存疑。

如果同时期拟上市企业毛利率较同行业可比上市企业毛利率高很多，那可能有问题，拟上市企业需要重点解释差异的原因。

如果同时期拟上市企业毛利率较同行业可比上市企业毛利率低，直接说明拟上市企业市场竞争力不够。

如果同时期拟上市企业毛利率变动趋势与整个行业发展趋势不符，就要重点解释行业内其他企业毛利率下降而拟上市企业毛利率上升的原因。

3．毛利率便于给分析者留下简单直观的第一印象

毛利率公式计算简便，分析者只需要将企业多期的毛利率计算出来，简单对比。良好的第一印象会引发分析者的向好心态，而不太好的第一印象则会扩大分析者的怀疑和不安。

除非拟上市企业内外部环境发生重大改变，毛利率一般是比较稳定的，不会出现大的波动。毛利率过高则存在调节毛利以粉饰利润或通过关联交易输送利润的嫌疑，毛利率过低意味着拟上市企业竞争力不足、持续盈利能力不强，而毛利率的异常波动则表示拟上市企业的经营不稳定。

所以，财务规范过程中要关注营业成本与营业收入的配比关系，在财务规范的过程中，要将毛利率作为重要的指标来直观验证生产成本核算和营业成本结转有无重大失误。

5.2　审计报告与年度报告关于营业成本的披露

5.2.1　审计报告中的营业成本披露

注册会计师在审计报告的附注披露成本匹配政策，同时披露营业收入（成本）的前后期对比分析，如表 5-1 所示。

表 5-1 营业收入和营业成本披露

项目	本期发生额		上期发生额	
	收入	成本	收入	成本
主营业务				
其他业务				
合计				

5.2.2 年度报告中的营业成本披露

年报准则要求上市公司在管理层讨论与分析、财务报告等板块披露营业成本相关信息。

（1）按行业、产品等说明报告期内公司营业成本构成情况。对于占公司营业收入或营业利润 10% 以上的行业、产品，应当分项列示其营业收入、营业成本、毛利率，并分析其变动情况。（相关表格参见第四章：营业收入的规范确认）

（2）应当披露本年度营业成本的主要构成项目，如原材料、人工工资、折旧、能源和动力等在成本总额中的占比情况。如果涉及商业秘密，可以仅披露占比最高或最主要的单个项目。

（3）披露公司向前 5 名供应商采购额占年度采购总额的比例，以及前 5 名供应商采购额中关联方采购额占年度采购总额的比例。鼓励公司分别披露前 5 名供应商名称和采购额。

年度报告中的营业成本披露如表 5-2 至表 5-4 所示。

表 5-2 分行业成本分析

行业	成本构成项目	本期金额	本期占总成本比例（%）	上年同期金额	上年同期占总成本比例（%）	本期金额较上年同期变动比例（%）	情况说明
行业 1	材料						
	人工						
	折旧						
	其他						

续表

行业	成本构成项目	本期金额	本期占总成本比例（％）	上年同期金额	上年同期占总成本比例（％）	本期金额较上年同期变动比例（％）	情况说明
行业 2	材料						
	人工						
	折旧						
	其他						
……							
合计							

表 5-3　分产品成本分析

产品	成本构成项目	本期金额	本期占总成本比例（％）	上年同期金额	上年同期占总成本比例（％）	本期金额较上年同期变动比例（％）	情况说明
产品 1	材料						
	人工						
	折旧						
	其他						
产品 2	材料						
	人工						
	折旧						
	其他						
……							
合计							

表 5-4　前 5 名供应商采购情况

供应商名称	采购金额	占年度采购总额比例（％）
供应商 1		
供应商 2		

供应商名称	采购金额	占年度采购总额比例（%）
供应商 3		
供应商 4		
供应商 5		
合计		

5.3 生产成本与营业成本对比分析

营业成本与生产成本是常听到的两个词语，两者本质是一样的吗？严格来讲，两者既有联系又有区别。

5.3.1 产品（成品）进销存基本逻辑

制造型企业产品（成品）进销存基本逻辑如下。

逻辑 1：期初数量 + 本期入库数量 − 本期出库数量 = 期末数量。

逻辑 2：期初金额 + 本期入库金额 − 本期出库金额 = 期末金额。

生产入库、销售出库分别是入库和出库的主要类别，如不考虑其他入库和出库因素，本期入库等同于生产成本，本期出库等同于营业（销售）成本。生产成本和营业成本是产品（成品）进销存的主要构成要素。

5.3.2 生产成本核算基本逻辑

与生产成本核算有关的制度主要有《企业产品成本核算制度》《企业产品成本核算制度——石油石化行业》《企业产品成本核算制度——钢铁行业》《企业产品成本核算制度——煤炭行业》《企业产品成本核算制度——电网经营行业》等。

以制造型企业为例，生产成本包括三部分：直接材料、直接人工、制造费用，简称料工费。目所能及的任何实物的成本都可以分为料、工、费三大类别。

5.3.3　营业成本结转基本逻辑

根据产品（成品）进销存基本逻辑，营业成本就是根据时间、期限需要与当期营业收入配比的支出（或耗费）。

营业成本的配比方法包括：个别计价法、先进先出法、移动加权平均法、月末一次加权平均法。

以月末一次加权平均法为例，本期需要配比（结转）的营业成本受期初数量、金额和本期入库数量、金额的双重影响，其中，本期入库的数量、金额影响更大。

本期营业成本 = 本期出库数量 × 本期加权单价

本期加权单价 =（期初金额 + 本期入库金额）÷（期初数量 + 本期入库数量）

5.4　营业成本核算的财务规范

案例：惠而浦自查又现成本结转大乌龙

惠而浦于 2017 年 12 月 8 日收到证监会安徽监管局的《采取出具警示函措施的决定书》。证监会安徽监管局对其进行了专项核查。核查发现以下问题。

（1）定期报告存在错误。

经核查，公司存在跨期确认商品销售收入和销售费用、库存商品未发出即确认销售收入、销售折扣未入账以及存货成本未结转等问题，导致公司披露的 2015 年、2016 年合并财务报表中，营业收入错报金额分别约占当期披露营业收入的 1.30%、2.27%；归属于母公司股东的净利润错报金额分别约占当期披露归属于母公司股东的净利润的 22.75%、23.91%；归属于母公司股东权益 2015 年期初错报金额约占当期披露的归属于母公司股东权益 2015 年期初金额的 1.91%。

（2）内部控制存在重大缺陷。

经核查，公司存在库存商品尚未发出即确认销售收入、部分销售折扣缺少内部审批、未及时就发生的销售折扣开具发票并予入账等问题，公司相关年度内部控制自我评价报告也未指出上述内部控制缺陷。

安徽证监局要求惠而浦董事会应当本着对投资者负责的态度，督促管理层加快工作进度，尽快核实产生会计差错的原因，确定会计差错金额及其对公司财务报表的影响，明确相关的差错责任和追责措施，并对外公开披露。

除了安徽证监局提出的各事项外，惠而浦在自查中竟然发现 2016 年第一季度的库存商品成本结转中出现了乌龙事件。

除销售折扣和收入确认问题之外，在 2016 年第一季度公司库存成本结转时发生计算机系统故障，相关调整分录未及时冲销，导致已售产品的营业成本存在少记的情况。具体情况如下。

2016 年第一季度，惠而浦 IT 部门排查发现财务系统故障导致营业成本多结转 20 342 500 元，财务部门根据 IT 部门提供的数据将营业成本相应调减 20 342 500 元，后期 IT 部门在解决系统问题后，财务系统故障导致的多结转的营业成本已恢复，而财务部门未将前期调减的营业成本及时冲销，导致其 2016 年度营业成本少记 20 342 500 元，利润虚增 20 342 500 元。

对此，惠而浦对相应人员做出了严肃处理。

案例点评如下。

惠而浦之所以出现上述会计差错，是因为公司没有遵循企业会计准则，对销售收入的确认明显有错误，尤其是其内部控制存在缺陷。而 2016 年第一季度少结转营业成本达 2 000 多万元，更说明其基础的会计工作质量令人担忧。

案例：并购陷阱重重：康尼机电踏陷龙昕科技业绩造假

根据证监会《行政处罚决定书》（〔2021〕54 号），2016 年康尼机电与龙昕科技接触，筹划资产重组。2017 年 6 月 13 日，证监会正式受理此次重大资产重组申请材料。2017 年 10 月 12 日，证监会通过此次重大资产重组申请。

然而好景不长，2020 年 12 月 31 日，上海证券交易所发布了《关于对南京康尼机电股份有限公司重大资产重组交易对方予以纪律处分的决定》，证监会由此展开调查，发现了以下问题。

2015 年至 2017 年，龙昕科技通过虚开增值税发票或未开票即确认收入的方式，通过客户欧朋达科技（深圳）有限公司、深圳市东方亮彩精密技术有限公司等 11 家公司，在正常业务基础上累计虚增收入 90 069.43 万元。其中，2015 年虚增收入 14 412.50 万元，占龙昕科技当年总收入 22.02%；2016 年虚增收入 30 647.53 万元，占龙昕科技当年总收入 30.09%；2017 年虚增收入 45 009.40 万元，占龙昕科技当年总收入 40.59%。

龙昕科技虚增收入导致各期末形成大量虚假应收账款余额，2015 年末虚假应收账款余额 13 176.95 万元，2016 年末虚假应收账款余额 7 820.10 万元，2017 年末虚假应收账款余额 21 492.14 万元。

龙昕科技虚增收入的回款主要由其股东控制的东莞龙冠真空科技有限公司、东莞市德誉隆真空科技有限公司以客户名义支付，其中，2015 年回款 2 022.80 万元，2016 年回款 34 458.62 万元，2017 年回款 46 498.29 万元。

同时，龙昕科技按正常业务毛利率水平，虚假结转成本。其中，2015 年虚增成本 8 843.59 万元，2016 年虚增成本 18 759.73 万元，2017 年虚增成本 27 624.49 万元。导致龙昕科技 2015 年虚增利润 5 568.91 万元，2016 年虚增利润 11 887.80 万元，2017 年虚增利润 17 384.91 万元。

为平衡结转的虚假成本，龙昕科技倒算出需采购的原材料数据，进行虚假采购，虚假采购的款项主要支付给东莞龙冠真空科技有限公司、东莞市德誉隆真空科技有限公司。其中，2015 年虚假采购金额 18 700.94 万元，2016 年虚假采购金额 33 700.15 万元，2017 年虚假采购金额 30 498.45 万元。龙昕科技虚假采购导致各期末形成大量虚假应付账款余额，2015 年末虚假应付账款余额 11 577.81 万元，2016 年末虚假应付账款余额 233.22 万元，2017 年末虚假应付账款余额 4 172.91 万元。

龙昕科技虚增收入和虚假采购中的相关单据，如销售合同、订单、发货单、对账单、入库单等均由龙昕科技财务部制作。相关单据需外部单位签字或盖章的，均由龙昕科技财务部人员模仿签字，或由龙昕科技财务部人员使用私刻的部分客户和供应商的公章、财务专用章等盖章。相关单据需龙昕科技内部部门配合签字的，部分由龙昕科技财务人员代签。

案例点评如下。

龙昕科技业绩造假基本逻辑如下。

（1）销售与收款线：通过关联企业虚开发票借以虚增营业收入；形成大量虚假应收账款；通过关联企业假借客户名义回款。

（2）成本与采购线：按正常毛利率虚假结转成本；为平衡成本倒算虚假原料采购数据；向关联企业支付虚假原料采购货款。

5.4.1 营业成本会计科目的设置

营业成本作为营业收入的配比项目，其会计科目设计层次与营业收入有极强的关联性，甚至可直接用"成本"替换营业收入科目中的"收入"。

具体而言，营业成本一般分为主营业务成本和其他业务成本，并在主营业务和其他业务分类以下，按产品（服务）系列，规范、可持续使用产品（服务）的名称。

5.4.2 制造业成本核算五环联动

制造业成本核算五环联动指进行制造业成本核算时，采用主要业务环节环环相扣、公式组合、前动后随的成本核算模型（见表5-5）。

该模型主要包括材料入库（见表5-6）、材料进销存（见表5-7）、物料清单（见表5-8）、成品进销存、成品销售等内容。其中，材料入库、物料清单、成品销售数据来源于采购、生产、销售台账，材料进销存和成品进销存数据自动生成，其作用仅为说明勾稽关系，表中未考虑直接人工、制造费用的归属与分摊。

表5-5 制造业成本核算五环联动模型

表格名称	表格主要项目	数据来源	勾稽关系
材料入库	日期	采购台账	
	供应商名称		
	材料名称		
	数量		
	单价		
	不含税金额		=数量 × 单价

续表

表格名称	表格主要项目	数据来源	勾稽关系
材料进销存	材料名称	全部自动生成	
	期初数量		= 上月材料进销存期末数量
	期初金额		= 上月材料进销存期末金额
	入库数量		= 材料入库数量
	入库金额		= 材料入库不含税金额
	加权单价		=（期初金额 + 入库金额）÷（期初数量 + 入库数量）
	耗用数量		= 物料清单实际投量
	耗用金额		= 加权单价 × 耗用数量
	期末数量		= 期初数量 + 入库数量 – 耗用数量
	期末金额		= 期初金额 + 入库金额 – 耗用金额
物料清单	成品名称	生产台账	
	计划产量		
	增减产量		
	总产量		= 计划产量 + 增减产量
	材料名称		
	标准耗量		
	标准投量		= 总产量 × 标准耗量
	投料调整		
	实际投量		= 标准投量 + 投料调整
成品进销存	成品名称	全部自动生成	
	期初数量		= 上月成品进销存期末数量
	期初金额		= 上月成品进销存期末金额
	入库数量		= 物料清单总产量
	入库金额		= 物料清单实际投量 × 材料进销存加权单价

续表

表格名称	表格主要项目	数据来源	勾稽关系
成品进销存	加权单价	全部自动生成	=（期初金额＋入库金额）÷（期初数量＋入库数量）
	出库数量		= 成品销售数量
	出库金额		= 加权单价 × 出库数量
	期末数量		= 期初数量＋入库数量－出库数量
	期末金额		= 期初金额＋入库金额－出库金额
成品销售	日期	销售台账	
	客户名称		
	货品名称		
	数量		
	含税单价		
	含税收入		= 数量 × 含税单价
	增值税税率		
	增值税税额		= 含税收入 × 增值税税率 ÷（1＋增值税税率）
	不含税收入		= 含税收入－增值税税额
	销售成本	成品进销存	= 成品进销存加权单价 × 成品销售数量
	毛利	自动计算	= 不含税收入－销售成本
	毛利率	自动计算	= 毛利 ÷ 不含税收入

表 5-6　材料入库

日期	供应商编码	供应商名称	材料名称	材料类别	单位	规格型号	数量	单价	不含税金额

表 5-7　材料进销存

材料名称	材料类别	期初数量	期初金额	入库数量	入库金额	加权单价	耗用数量	耗用金额	期末数量	期末金额
合计										

表 5-8　物料清单

单号	车间代码	车间名称	生产日期	配方编号	配方简称	标准产比	实投产比	月调产比
序号	成品名称	规格	计划数量	增减数量	总数量	计划产量	增减产量	总产量
成品完工合计数量								
序号	材料名称	标准耗量	标准投量	投料调整	实际投量	月末调整	月末实际	备注
1								
2								
3								
4								
5								
材料耗用合计数量								

生产部审核　　　　　　　　　　　　　车间编制

5.4.3 营业成本常见业务的规范

营业成本常见业务包括营业成本配比结转（即产成品成本转入营业成本）和营业成本结转至本年利润等。

5.4.4 营业成本原路返回思路的运用

营业收入反向业务包括冲销营业成本配比结转（即冲销产成品转入营业成本）和冲销营业成本结转至本年利润。

5.4.5 营业成本账实差异的清理

营业成本作为典型的规范要素，账实差异的清理思路是在规范期间以及未来时期规范地确认。

作为营业收入的匹配项目，营业成本的账实差异清理须在营业收入的账实差异清理基础之上进行，如果营业收入不规范导致规范期间涉及调整，营业成本在规范期间也须随之调整。

规范期间的营业成本原始匹配结转过程往往是不规范的。

以制造型企业为例，规范期间应该建立全新的成本核算五环联动模型，将材料入库、物料清单、成品销售等实际数据录入其中，自动生成材料进销存、成品进销存资料，计算出每一笔产品销售业务的营业成本和毛利（率）。同时依靠成本核算五环联动模型，通过材料进销存、成品进销存、产品销售毛利（率）的异常状况，可快速查找采购入库、物料清单、成品销售的账实差异。

其他行业也可以设计符合行业特点、适合企业风格的收入成本核算联动模型。

需要强调的是，营业成本的财务规范往往只有两个结果，要么成功，要么失败。因为营业成本牵连太广，上牵材料费用与人工费用，下牵收入与毛利，可谓牵一发而动全身。只有整个数据架构完全规范并被认可，财务规范才算完成。

第 6 章
费用的规范核算

广义的费用指支出（耗费），包括常说的成本和费用。狭义的费用相对于成本而言，指不能匹配（或归属）于具体成本对象的支出（耗费），通常指销售费用、管理费用、财务费用等。

企业上市申报数据中，费用项目多、业务杂，所以审核人员对费用的规范核算较为关注。拟上市企业一定要对费用的规范核算重视起来，防止因小失大，影响上市进程。

6.1　会计准则与税收法律法规中的费用

6.1.1　会计准则中的费用

《企业会计准则——基本准则》通过对费用定义、费用确认、成本与费用辨析、费用的归属等事项的描述，规范了会计核算对费用的要求。

第三十三条（费用定义）规定，费用是指企业在日常活动中发生的、会导致所有者权益减少的、与向所有者分配利润无关的经济利益的总流出。

第三十四条（费用确认）规定，费用只有在经济利益很可能流出从而导致企业资产减少或者负债增加，且经济利益的流出额能够可靠计量时才能予以确认。

第三十五条（成本与费用辨析）规定，企业为生产产品、提供劳务等发生的可归属于产品成本、劳务成本等的费用，应当在确认产品销售收入、劳务收入等时，将已销售产品、已提供劳务的成本等计入当期损益。

企业发生的支出不产生经济利益的，或者即使能够产生经济利益但不符合或者不再符合资产确认条件的，应当在发生时确认为费用，计入当期损益。

企业发生的交易或者事项导致其承担了一项负债而又不确认为一项资产的，应当在发生时确认为费用，计入当期损益。

第三十六条（费用归属）规定，符合费用定义和费用确认条件的项目，应当列入利润表。

6.1.2　税收法律法规中的费用

《企业所得税法实施条例》第三十条规定，企业所得税法第八条所称费用，是指企业在生产经营活动中发生的销售费用、管理费用和财务费用，已经计入成本的有关费用除外。

《企业所得税法实施条例》明确了与取得应税收入有关的支出，凡没有计入成本，没有资本化的支出，都应计入期间费用，具体包括销售费用、管理费用和财务费用。同时，《企业所得税法实施条例》及相关法规对重点费用类别做出了约束（或鼓励）。

（1）职工福利费支出。企业发生的职工福利费支出，不超过工资、薪金总额 14% 的部分，准予扣除。

政策依据：《企业所得税法实施条例》第四十条。

（2）职工教育经费。企业发生的职工教育经费支出，不超过工资、薪金总额 8% 的部分，准予在计算企业所得税应纳税所得额时扣除；超过部分，准予在以后纳税年度结转扣除。

政策依据：《财政部 税务总局关于企业职工教育经费税前扣除政策的通知》（财税〔2018〕51 号）第一条。

（3）工会经费支出。企业拨缴的工会经费，不超过工资、薪金总额 2% 的部分，准予扣除。

政策依据：《企业所得税法实施条例》第四十一条。

（4）补充养老保险和补充医疗保险支出。自 2008 年 1 月 1 日起，企业根据国家有关政策规定，为在本企业任职或者受雇的全体员工支付的补充养老保险费、补充医疗保险费，分别在不超过职工工资总额 5% 标准内的部分，在计算应纳税所得额时准予扣除；超过的部分，不予扣除。

政策依据：《财政部 国家税务总局关于补充养老保险费 补充医疗保险费有关企业所得税政策问题的通知》（财税〔2009〕27 号）。

（5）业务招待费支出。企业发生的与生产经营活动有关的业务招待费支出，按照发生额的 60% 扣除，但最高不得超过当年销售（营业）收入的 5‰。

政策依据：《企业所得税法实施条例》第四十三条。

（6）广告费和业务宣传费支出。企业发生的符合条件的广告费和业务宣传费支出，除国务院财政、税务主管部门另有规定外，不超过当年销售（营业）收入 15% 的部分，准予扣除；超过部分，准予在以后纳税年度结转扣除。

政策依据：《企业所得税法实施条例》第四十四条。

（7）公益性捐赠支出。企业通过公益性社会组织或者县级（含县级）以上人民政府及其组成部门和直属机构，用于慈善活动、公益事业的捐赠支出，在年度利润总额 12% 以内的部分，准予在计算应纳税所得额时扣除；超过年度利润总额 12% 的部分，准予结转以后三年内在计算应纳税所得额时扣除。

政策依据：《财政部 国家税务总局关于公益性捐赠支出企业所得税税前结转扣除有关政策的通知》（财税〔2018〕15 号）。

（8）研发费用支出。

一般扣除比例：企业开展研发活动中实际发生的研发费用，未形成无形资产计入当期损益的，在按规定据实扣除的基础上，在 2018 年 1 月 1 日至 2020 年 12 月 31 日期间，再按照实际发生额的 75% 在税前加计扣除；形成无形资产的，在上述期间按照无形资产成本的 175% 在税前摊销。

政策依据：《财政部 税务总局 科技部关于提高研究开发费用税前加计扣除比例的通知》（财税〔2018〕99 号）。

制造业企业扣除比例：制造业企业开展研发活动中实际发生的研发费用，未形成无形资产计入当期损益的，在按规定据实扣除的基础上，自 2021 年 1 月 1 日起，再按照实际发生额的 100% 在税前加计扣除；形成无形资产的，自 2021 年 1 月 1 日起，按照无形资产成本的 200% 在税前摊销。

政策依据：《财政部 税务总局关于进一步完善研发费用税前加计扣除政策的公告》（财政部 税务总局公告 2021 年第 13 号）。

6.1.3　会计准则与税收法律法规关于费用核算的对比分析

1. 相同点

（1）相关性原则相同。

相关性原则是会计准则与税收法律法规关于费用核算的共同基本原则，《企业会计准则——基本准则》规定费用是"在日常活动中发生的"，《企业所得税法实施条例》规定费用是"在生产经营活动中发生的"。

（2）费用类别相同。

销售费用、管理费用、财务费用是会计准则和税收法律法规约定的常见费用类别，在费用分类上，税收法律法规采取跟随思路，即跟随会计准则的费用分类方式，对费用列支加以约束。

2. 不同点

（1）基本原则不同。

会计准则从权责发生制出发，强调配比原则是费用确认和归属的主要原则。

企业所得税法从国家税收利益出发，对重点费用列支规定量化的标准和列支方法，防止企业虚列费用行为。税法在收入的确认上倾向于采用权责发生制原则，在费用的扣除方面则更倾向于采用收付实现制原则。

（2）关注要点不同。

会计准则强调谨慎性，在面临不确定性因素时，既不高估资产或收益，也不低估负债或损失。

企业所得税法强调真实性，对谨慎性原则基本上持否定态度，如税法对预提费用、各项准备的不认可。谨慎原则已成为会计准则与税收法律法规有关所得税差异产生的一个重要根源。

大多数国家会计准则和税收法律法规属于两套体系，互有牵连又独立运转，且两者不会互相取代。所以，企业要做的是熟悉二者、比较二者、运用二者。

6.2　审计报告与年度报告关于费用的披露

6.2.1　审计报告中的费用披露

注册会计师在审计报告中对重要的费用进行单项性和比较性披露。单项性披露指将重要的费用单独进行披露，比较性披露指将重要的费用的本期发生额与上期发生额比较列示。

注册会计师对其他费用进行汇总比较性披露，即将本期的小额单列费用和其他费用一并汇总到"其他"项目下并与上期发生额比较列示。一般而言，"其他"项目的金额占费用总额的比例不超 10%。

审计报告中的费用披露如表 6-1 至表 6-4 所示。

表 6-1　销售费用披露

项目	本期发生额	上期发生额
职工薪酬		
差旅费		
业务宣传费		
办公费		
招待费（销售部门发生的费用）		
车辆使用费		
折旧及摊销		
……		
其他		
合计		

表 6-2　管理费用披露

项目	本期发生额	上期发生额
职工薪酬		
中介机构服务费		
折旧与摊销		
办公费		
差旅费		
招待费（管理部门发生的费用）		
水电费		
车辆使用费		
……		
其他		
合计		

表 6-3　研发费用披露

项目	本期发生额	上期发生额
职工薪酬		
材料、动力及燃料		
差旅费		
折旧费		
检验检测费		
……		
其他		
合计		

表 6-4　财务费用披露

项目	本期发生额	上期发生额
利息支出		
减：利息收入		

项目	本期发生额	上期发生额
减：利息资本化		
承兑汇票贴息		
未确认融资费用摊销		
汇兑损益		
手续费及其他		
合计		

6.2.2　年度报告中的费用披露

年报准则要求上市公司应详细披露一级费用的本期数、上年同期数及变动比例，若报告期内上市公司销售费用、管理费用、财务费用等财务数据同比发生重大变动，应当结合业务模式和费用构成，说明变化的主要驱动因素。

上市公司同时应披露研发投入情况，包括费用化研发投入、资本化研发投入、研发投入总额占营业收入比例等，以及本年度各研发项目的投入情况。如数据较上年发生显著变化，还应当解释变化的原因。

年度报告中的费用披露如表 6-5 至表 6-7 所示。

表 6-5　费用情况

费用项目	本期数	上年同期数	变动比例（％）
销售费用			
管理费用			
研发费用			
财务费用			
合计			

表 6-6　研发投入情况

研发投入	本期金额	备注
本期费用化研发投入		
本期资本化研发投入		

续表

研发投入	本期金额	备注
研发投入合计		
研发投入总额占营业收入比例（%）		
研发投入资本化的比重（%）		

表 6-7　研发项目投入情况

研发项目	金额	备注
项目 1		
项目 2		
项目 3		
……		
合计		

6.3　费用核算的财务规范

案例：江西 3L 医用制品集团股份有限公司 IPO 被否

2019 年 7 月 11 日，证监会发审委否决了江西 3L 医用制品集团股份有限公司（简称 3L 集团）的上市申请，并对 3L 集团提出了五大问询，直指内控缺陷、商业贿赂、应收账款比例过高、毛利率存在不合理、产品存在质量问题等问题。

早在 2014 年，3L 集团就计划登陆创业板，但 2015 年，证监会以"销售人员私刻公章""开具虚假发票 604.82 万元违规报账"等内部控制存在缺陷等为由否决了 3L 集团的上市申请。

据 3L 公司招股说明书，公司被举报后自查发现，报告期有 16 名销售人员私刻 19 家客户印章用于销售订单、框架性协议、收入及应收账款询证函。另外发现公司在实际发生的费用报销中存在部分虚假发票，发票合计总金额 604.82 万元，公司针对虚假发票补缴税款及滞纳金合计 105.90 万元。

据 3L 集团招股书，2014 年至 2017 年 9 月，公司的销售费用分别为 1.12 亿元、1.10 亿元、1.18 亿元、0.84 亿元，分别占营业收入的 30.50%、28.80%、29.11%、28.74%。而行业的平均销售费用率却只有 8.79%、9.97%、11.11%、8.41%，仅为 3L 集团的三分之一左右。

案例点评如下。

从数量级别上看，600 多万元的虚假费用发票和公司 2014 年至 2017 年 9 月 4 亿多元的销售费用仅占 1.5% 左右，可谓微乎其微，然而，在上市审核中只要存在虚假，说明公司内部控制存在严重缺陷。

案例：青海小西牛生物乳业股份有限公司 IPO 被否

2012 年 3 月 23 日，证监会发审委否决了青海小西牛生物乳业股份有限公司（简称青海小西牛）的 IPO 申请。青海小西牛登陆深交所中小板失败。

青海小西牛是一家以乳制品研发、生产及销售为主营业务，具有青藏高原地域特色的乳制品生产企业，核心产品为"青海老酸奶""青稞藏之宝"谷物酸奶和"托伦宝"纯牛奶。

在 2008 年乳制品行业普遍受到"三聚氰胺事件"影响之时，青海小西牛却像是"局外人"，营业利润率等各项财务指标与伊利股份、蒙牛乳业等上市公司的差异较大，公司的财务指标存在人为调节的嫌疑。这可能是公司 IPO 被否的重要原因。

青海小西牛多项财务指标背离同行业上市公司，其财务数据真实性存疑。以销售费用指标为例，2009—2011 年，青海小西牛销售费用分别为 942.19 万元、779.62 万元和 1 452.78 万元，销售费用与主营业务收入的比例分别为 11.83%、5.3% 和 7.53%，而同时期的同行业上市公司的销售费用率平均值为 23.40%、21.53%、21.86%。

虽然青海小西牛在拟招股书中将销售费用率远低于同行业可比公司水平的原因归于公司是地域性乳制品企业，盈利能力强，相关费用少，经营稳健等，但无法令人信服。

案例点评如下。

2008 年"三聚氰胺事件"使得全社会更加重视食品质量安全，乳制品行业在国家监管下进行整顿工作，同时消费转向导致国产乳制品行业受到巨大冲击，同行业上市公司的营业利润率急剧下滑，2008年伊利股份、蒙牛乳业、光明乳业均出现亏损状况。

大风大浪中，青海小西牛这艘小船却丝毫未受影响。这不太符合常理，其财务测算的准确性及真实性存疑。

案例：长城动漫费用腾挪如面团

2017年6月—8月，长城动漫子公司北京新娱兄弟网络科技有限公司（简称北京新娱）向孙某岳、高某倩等12个自然人账户支付了共389万元款项，用于支付北京新娱有关的广告费或促销费，北京新娱将389万元款项在2017年核算为预付账款，未计入营业费用，不符合《企业会计准则——基本准则》（2014年修订）第十六条、第十八条、第三十五条的相关规定，导致长城动漫2017年年报少计营业费用389万元、多计利润389万元。

2017年3月—12月，李某嘉代北京新娱向孙某岳个人账户支付北京新娱2017年游戏业务促销费（返点款）398万元，但北京新娱财务账面未进行核算，不符合《企业会计准则——基本准则》（2014年修订）第十七条、第十八条的相关规定，导致2017年年报少计营业费用398万元、多计利润398万元。

2017年5月—6月，北京新娱以支付股权投资款为依据向天津某公司付款后，安排天津某公司将其中303万元资金用于实际支付有关游戏业务广告费，北京新娱财务账面对此核算为"长期股权投资"，后又调整为"预付账款"，但北京新娱最终未取得天津某公司股权及其他资产，未将303万元资金支出据实确认为广告费用，不符合《企业会计准则——基本准则》（2014年修订）第十六条、第三十五条的相关规定，导致2017年年报少计营业费用303万元、多计利润303万元。

案例点评如下。

长城动漫将广告费、促销费计入预付账款导致少计营业费用389万元，体外人（李某嘉）支付的促销费（返点费）398万元未纳入账内导致少计营业费用398万元，假借投资实付游戏业务广告费303万元导致少计营业费用303万元，三者合计导致2017年少计营业费用1 090万元、多计利润1 090万元。

制造型企业的常见费用包括制造费用、研发支出、销售费用、管理费用、财务费用等，制造费用属于成本类别，研发支出的非资本化（即费用化）部分列入当期损益，销售费用、管理费用、财务费用列入当期损益。

6.3.1　五大费用概述

1. 制造费用

制造费用是为生产产品和提供劳务而发生的各项间接费用，包括企业生产部门（如生产车间）发生的水电费、固定资产折旧、无形资产摊销、管理人员的职工薪酬、劳动保护费、国家规定的有关环保费用、季节性和修理期间的停工损失等。

2. 研发支出

研发活动分为研究和开发阶段。研发支出指为研究与开发而发生的各项费用。研发支出的处理分为：一是研究阶段发生的费用及无法区分研究阶段研发支出和开发阶段研发的支出全部费用化；二是开发阶段的支出，能够证明符合无形资产条件的支出予以资本化，分期摊销。

3. 销售费用

销售费用是在销售商品过程中发生的费用，包括企业销售商品过程中发生的包装费、保险费、展览费和广告费，以及为销售本企业商品而专设的销售机构（含销售网点，售后服务网点等）的职工工资及福利费、类似工资性质的费用、业务费等经营费用。

4. 管理费用

管理费用是企业行政管理部门为组织和管理生产经营活动而发生的各种费用，包括管理人员工资、职工福利费、差旅费、办公费、董事会会费、业务招待费、折旧费、修理费、物料消耗、低值易耗品摊销、中介机构费、咨询费、诉讼费等。

5. 财务费用

财务费用是为筹集生产经营所需资金等而发生的筹资费用，包括利息支出、汇兑损益、银行手续费、其他财务费用等。

6.3.2 费用会计科目的设置

1. 费用会计科目设计要点

费用会计科目设计一般以三至四层为佳。第一层分为制造费用、研发支出、销售费用、管理费用、财务费用五大类别，第二层按照费用性质分为薪酬类、日常类、折旧摊销类、专项类、其他类等，第三层关联到费用归口部门，第四层关联到费用经办人员等。企业应在有序分层的基础之上，对费用明细进行分类。

不同的企业可能选用不同的费用明细分类，但无论如何，企业都要遵循相应的分类原则。

（1）列举原则。

费用明细核算内容的表示方式包括描述法和列举法，为避免费用业务执行中的理解歧义，要求用列举法列示费用核算内容。

（2）有序排列。

明细费用按照重要程度有序排列，将同类型的明细费用排列在一起，序号有序间隔（如奇数序号），便于后续补充新的同类费用。

另外，科目明细体系要不重叠、不交叉。

（3）遵循外部。

外部的费用分类和排序难以把握，所以要遵循外部费用分类排序来设计内部的费用明细。如薪酬类社保计缴可根据社保部门缴纳单据的类别和次序进行排列。

（4）其他预留。

因为能力所限，企业无法列出所有费用明细并予以规范；即使有能力，成本效益原则也不会支持企业如此设置。

换言之，企业在费用管理中一定会遇到未预设费用明细科目的业务，这些业务发生时，将其归入其他项目，一般而言，其他项目的费用金额不得超过费用总金额的 5% 尽量不超 10%。

同时也要关注其他项目的实际核算，当某类未预设明细科目的费用发生频繁或金额较大时，应增设明细科目，以防其他项目成为费用管理的"垃圾筐"。

费用可根据费用大类的特性设置其明细科目，也可设置一套各费用大类可共用的明细科目。注意保持四个一致，即：编码一致、名称一致、顺序一致、内容一致。如此一来，一方面便于财务人员记忆，另一方面也有利于管理分析报表的编制。

2. 费用分类及归属

费用分类及归属见表 6-8。

表 6-8　费用分类及归属

编号	费用明细	费用描述与说明
01	工资	应付员工工资
03	职工福利费	按国家政策法规列支
05	职工教育经费	按国家政策法规列支
07	工会经费	按国家政策法规列支
09	养老保险	按国家政策规定企业负担部分
11	医疗保险	按国家政策规定企业负担部分
13	失业保险	按国家政策规定企业负担部分
15	工伤保险	按国家政策规定企业负担部分
17	生育保险	按国家政策规定企业负担部分
19	住房公积金	按国家政策规定企业负担部分
21	标书费	各类招投标标书费（不含投标保证金）
23	中标服务费	各类招标中标服务费
25	办公费	办公用品、办公耗材、低值易耗品、报刊、邮递、复印打印、登记、年检及其他办公费
27	市内交通费	因公外出市内车、船费
29	通信费	固定电话费、手机话费
31	车辆使用费	公司车辆市内（市外开支计入差旅费用）各项开支，包括：车辆保险费、保养费、油费、维修费、过路过桥费、停车费等
33	差旅费	因出差发生的各项开支，包括：交通费（乘坐火车、飞机及其他交通工具）、住宿费、伙食费、出差津贴等（差旅期间非上述费用如业务招待费单独报销并列入对应明细项目）

编号	费用明细	费用描述与说明
35	业务招待费	招待外部往来单位发生的各项交际应酬费，包括：餐饮费、礼品费等
37	会议费	召开会议发生的场地租赁费、会场布置费、参会人员的住宿费、工作餐费、交通费等
39	机物料	车间机物料消耗
41	研发耗材	研究开发过程中的各种材料消耗
43	包装材料	各种包装材料、桶、罐等
45	维修费	设备、房屋、建筑物等日常维修费用（不含车辆维修费）
47	劳动保护费	劳保工服、防暑降温用品及费用等
49	检验检测费	房屋、设备及产品的检验检测费用等
51	租赁费	固定（办公）房租、临时房租及其他租赁费
53	水电及物业费	水电费、保洁费、绿化费、安保费、物业费等
55	劳务费	临时用工劳务费用
57	保险费	购买财产保险及员工商业保险费用
59	广告宣传费	通过经工商部门批准的专门机构（媒体）向公众介绍商品、企业信息等发生的广告费用及未通过媒体的广告性支出，包括印有企业标志的礼品、纪念品及各项展览费等
61	运输装卸费	材料运输费用、装卸费用及其他杂费（产品销售运费计入合同履约成本）
63	咨询服务费	咨询、专业顾问费等
65	审计费用	审计、评估费用等
67	诉讼费用	诉讼产生的费用
69	折旧	固定资产折旧费
71	摊销	低值易耗品、开办费、装修费、无形资产等的摊销
73	研究开发费	研究阶段各项支出、开发阶段不符合资本化的各项支出
75	残保金	残疾人就业保障金
99	其他	各费用项目其他项目（慎用，金额不超过该费用总额的5%）

6.3.3　费用常见业务的规范

费用常见业务包括费用发生和费用结转，少数会出现费用分摊。下面以办公大楼电费为例，详细解读费用发生、费用确认、费用分摊等业务。

案例

某公司 2022 年 4 月 1 日搬入新综合办公大楼（假定电表起始为 0 千瓦·时），其面积为 10 000 平方米，销售部门、管理部门、技术部门在其中办公，所占面积（公共区域已分摊）分别为 5 000 平方米、3 000 平方米、2 000 平方米。

供电公司每月 20 日抄表（即供电公司计价期间为本月 21 日至次月 20 日），2022 年 4 月 20 日止码 10 000 千瓦·时，5 月 20 日止码 18 000 千瓦·时。每月 10 日扣缴上月电费。

为确保费用与自然月匹配，公司安排每月末晚上 8 点拍照计数。4 月 30 日止码 11 000 千瓦·时，5 月 31 日止码 20 000 千瓦·时。

每千瓦·时电 0.8 元，综合大楼未安装分电表，约定按照各部门使用面积分摊电费。

账务处理如下。

（1）确认 4 月电费并分摊：（11 000-0）×0.8=8 800（元）。

借：销售费用　　　　　　　　　　　　　　　　　　　4 400

　　管理费用　　　　　　　　　　　　　　　　　　　2 640

　　研发费用　　　　　　　　　　　　　　　　　　　1 760

　　　贷：其他应收款——单位——××供电公司　　　　　　8 800

（2）供电公司 5 月 10 日扣缴电费：（10 000-0）×0.8=8 000（元）。

借：其他应收款——单位——××供电公司　　　　　　8 000

　　　贷：银行存款　　　　　　　　　　　　　　　　　　8 000

（3）确认 5 月电费并分摊：（20 000-11 000）×0.8=7 200（元）。

借：销售费用　　　　　　　　　　　　　　　　　　　3 600

　　管理费用　　　　　　　　　　　　　　　　　　　2 160

　　研发费用　　　　　　　　　　　　　　　　　　　1 440

　　　贷：其他应收款——单位——××供电公司　　　　　　7 200

（4）供电公司 6 月 10 日扣缴电费：（18 000-10 000）×0.8=6 400（元）。

借：其他应收款——单位——×× 供电公司   6 400

    贷：银行存款   6 400

6.3.4 费用原路返回思路的运用

费用反向业务主要指费用多计引起的差错更正。

案例

2022 年 5 月，综合部李四报销办公费用 1 888 元冲个人借支。

账务处理如下。

借：管理费用——办公费   1 888

    贷：其他应收款——员工——李四   1 888

案例

接上例，2022 年 6 月发现 5 月综合部李四报销的办公费多计费用 200 元，5 月账已结，6 月调整账务处理如下。

借：管理费用——办公费   −200

    贷：其他应收款——员工——李四   −200

6.3.5 费用账实差异的清理

费用作为重要规范要素之一，账实差异的清理思路是在规范期间以及未来时期要规范地确认。

同为营业收入的匹配项目，企业内部对费用的关注相比于营业成本则要少一些。

然而，由于费用的类别多样、业务纷杂，业绩造假对费用的影响及费用造假对业绩的影响异常明显。所以审核人员对费用的关注度不亚于对营业成本的关注度。

规范期间的费用确认与计量过程往往是极度不规范的，常见的不规范情形包括白条列支、无票列支、虚票列支、不相关票列支、股东私人费用列支等。

1. 合规但无票费用

规范期间发生的合规但无票费用不能剔除，因为剔除后将影响费用的合理性与匹配性。对于此类费用，建议在规范期间的企业所得税更正（补充）申报时剔除。

2．不合规的大额无票费用

规范期间发生的不合规的大额无票费用要剔除，对应的费用类科目要替换为相关单位（人员）的往来科目。

货币资金包括库存现金、银行存款和其他货币资金。货币资金是企业资金运动的起点和终点。拟上市企业要重视货币资金的规范核算，强化内部控制，确保货币资金的安全性、完整性，提升货币资金的使用效益。

7.1　审计报告与年度报告关于货币资金的披露

库存现金是指企业持有可随时用于支付的，存放在企业财会部门，由出纳经管的现金，包括人民币现金和外币现金，会计中反映为"库存现金"科目。

银行存款是指企业存入银行或其他金融机构的各种款项，会计中反映为"银行存款"科目。

其他货币资金是指以摊余成本计量的企业的银行汇票存款、银行本票存款、信用卡存款、信用证保证金存款、存出投资款、外埠存款等货币资金，会计中反映为"其他货币资金"科目。

7.1.1　审计过程中的货币资金核查

注册会计师在审计过程中对库存现金要进行监盘，对银行存款要进行函证。下面介绍注册会计师在审计过程中是如何进行货币资金核查的。

1. 审计人员对库存现金的监盘过程

（1）实施现场监盘时间一般为出纳刚上班时或临近下班时。

（2）监盘时，审计人员需要见证被审计单位的出纳打开保险柜，取出全部的库存现金进行逐一清点，并关注保险柜里是否存在借款的白条、公司股东或相关人员的银行卡（银行存折）等。

（3）出纳应规范填写现金盘点表，盘点表需要执行监盘的审计人员、被审计单位的出纳及会计主管人员签字及盖章，并签署监盘日期。

（4）出纳须将盘点金额与现金日记账进行核对，如有差异，应查明原因并做出调整。

2. 审计人员亲自函证银行账户

（1）被审计单位财务人员打印银行账户开户清单，审计人员全程陪同。

注：企业银行账户开户清单会显示被审计单位从设立至今的所有银行账户信息，包括在用的、已注销的。

（2）审计人员根据银行账户开户清单的银行账户信息，编制银行账户函证表并加盖会计师事务所印章，由审计人员发函或函证。

（3）被审计单位财务人员到银行函证账户信息及账户余额，审计人员全程陪同。

监盘库存现金和亲自函证银行账户的过程中，审计人员是全程参与的，目的就是杜绝被审计单位造假。

7.1.2　审计报告中的货币资金披露

注册会计师在审计报告中对货币资金分类别披露，对库存现金、银行存款、其他货币资金的期末余额和期初余额进行列示，如表 7-1 所示，同时会对货币资金受限情况进行披露。

表 7-1　货币资金

项目	期末余额	期初余额
库存现金		
银行存款		
其他货币资金		
合计		

7.1.3　年度报告中的货币资金披露

年度报告中对货币资金进行总体披露，将货币资金置于管理层讨论与分析板块的资产及负债情况中，内容包括货币资金期末金额及占总资产比例、期初金额（即上年期末金额，后同）及占总资产比例、期末与期初变动比例等，如表7-2所示。

表 7-2　资产及负债情况

项目	本期期末		上年期末		期末与期初变动比例
	金额	占总资产（%）	金额	占总资产（%）	
货币资金					
交易性金融资产					
应收账款					
预付账款					
其他应收款					
存货					
长期股权投资					
其他权益工具投资					
固定资产					
无形资产					
长期待摊费用					
递延所得税资产					
资产总计					
短期借款					
应付账款					
合同负债					
应付职工薪酬					
应交税费					
其他应付款					
负债总计					

除了年度报告中的货币资金披露要求，上市审核机构异常关注货币资金。根据《首发业务若干问题解答（2020年6月修订）》问题54，保荐人、申报会计师应对发行人以下相关主体的银行账户进行核查：

（1）发行人控股股东、实际控制人以及关系密切的家庭成员（包括实际控制人的配偶、子女、父母等）、发行人主要关联方（包括自然人关联方与法人关联方等）；

（2）5%以上的主要股东；

（3）董事（剔除独立董事）、监事、高级管理人员、财务部门全体人员、采购部门关键人员、销售部门关键人员、生产部门关键人员、研发部门关键人员及员工持股平台主要相关人员；

（4）与前述主体银行账户发生异常往来的发行人关联方及员工。

7.2　货币资金核算的财务规范

案例：康美药业300亿元货币资金造假案

2016年1月1日至2018年6月30日，康美药业通过财务不记账、虚假记账，伪造、变造大额定期存单或银行对账单，配合营业收入造假伪造销售回款等方式，虚增货币资金。

通过上述方式，康美药业2016年年度报告虚增货币资金22 548 513 485.42元，占更正后货币资金的472.13%，占公司披露总资产的41.13%和净资产的76.74%；2017年年度报告虚增货币资金29 944 309 821.45元，占更正后货币资金的711.77%，占公司披露总资产的43.57%和净资产的93.18%；2018年半年度报告虚增货币资金36 188 038 359.50元，占更正后货币资金的978.85%，占公司披露总资产的45.96%和净资产的108.24%。

案例点评如下。

谈起上市公司货币资金的造假案例，就会想到康美药业。康美药业的货币资金造假案也说明了注册会计师行业所面临的严峻形势。

案例：延安必康虚假货币资金案

延安必康控股股东及其关联方 2015 至 2018 年期间非经营性占用上市公司资金累计 44.97 亿元，为掩盖其非法占用上市公司资金的事实，在控股股东的操刀下，伪造银行对账单、虚假财务记账，导致上市公司相关年度报告披露的货币资金账实不符。

经查，延安必康 2015 年年度报告虚增货币资金 794 326 924.96 元，占当期披露的经审计总资产的 8.99% 和净资产的 15.18%；2016 年年度报告虚增货币资金 2 057 005 338.69 元，占当期披露的经审计总资产的 11.40% 和净资产的 24.31%；2018 年年度报告虚增货币资金 811 866 582.26 元，占当期披露的经审计总资产的 3.94% 和净资产的 8.47%。

案例点评如下。

很多人将延安必康和造假的康美药业联系到一起，称其为"康美药业第二"。延安必康于 2015 年借壳上市，而上述违法行为也追溯到了 2015 年。可以看出，延安必康从上市之初就对资本市场毫无敬畏之心。

案例：北农大科技代管客户银行卡 IPO 被否

2022 年 3 月 17 日，北农大科技股份有限公司（简称北农大科技）IPO 被否。

审核中发现，北农大科技在报告期内存在代管客户银行卡并通过 POS 机刷卡大额收款的情况，通过代管银行卡合计收款 4 104.77 万元。现场督导发现，北农大科技持有的 82 张代管客户银行卡中仅有 29 张能获取银行流水，且其中 23 张代管卡存在较大比例非客户本人转入资金或者无法识别打款人名称的情形。对此，发审委认为北农大科技代管客户银行卡相关信息披露的准确性存疑，进而怀疑其收入确认的真实性、会计基础规范性及内部控制有效性。

审核中还发现，北农大科技重要子公司江苏农牧、泰州饲料的负责人陈某与北农大科技重要客户陆某来和东台市飞翔蛋鸡养殖场的控股股东陈某庆存在异常资金往来，陈某还与陆某来共同投资养鸡场，对于上述资金往来原因及合作情况，北农大科技在督导前后回复内容不一致。此外，北农大科技其他子公司负责人与其客户亦存在资金往来。

报告期内北农大科技及各子公司普遍存在财务人员混同、岗位分离失效的情形，如会计凭证制单人与审核人为同一人，记账人与审核人为同一人，出纳与会计岗位混同。此外，北农大科技还存在销售订单与物流单不能匹配，个别员工用个人银行账户从客户收款、归集并取现，部分原材料出库单及产成品入库单缺少审批人签名或签章等不规范情形。

尽管北农大科技及其中介辅导机构（上市辅导券商、会计师事务所、律师事务所）对此做了详尽的回复，但并未打消发审委的疑虑，最终北农大科技 IPO 被否。

案例点评如下。

顾客是上帝，这点在北农大科技可谓淋漓尽致。北农大科技在客户服务上也是做到了极致，试想下，北农大科技连顾客的银行卡都紧攥其手，那顾客不得"心随卡走"。

案例：无锡金通惨遭网络诈骗

2021 年 1 月 11 日，无锡金通高纤股份有限公司（简称无锡金通）上市申请获创业板受理，然而一年后的 2 月 25 日，无锡金通申请撤回发行上市申请文件。根据《深圳证券交易所创业板股票发行上市审核规则》第六十七条，深交所决定终止对其首次公开发行股票并在创业板上市的审核。

无锡金通主营业务为高分子聚合物纤维的研发、生产和销售，是一家具有自主研发能力和持续创新能力的高新技术企业，通过技术和产品的不断创新推动企业的持续发展。

根据相关披露文件，公司遭受网络诈骗，不法分子冒充公司董事长通过 QQ 向公司财务人员下达付款指令，涉案金额 192 万元。

案发后公司于 2018 年和 2019 年分别追回 101.18 万元、22.00 万元，尚未追回的款项余额为 68.82 万元。

该事件发生的主要原因是：公司财务人员规范意识不足，未取得有权人员签字的汇款申请单，且未向公司董事长进一步确认即完成了付款。

案例点评如下。

发审委要求无锡金通及其保荐人、申报会计师、发行人律师等披露遭受网络诈骗的背景及原因，比如会计处理是否符合企业会计准则的规定，发行人财务内控不规范事项是否构成对内控制度的有效性的重大不利影响，发行人整改后的内控制度是否已合理、正常运行并持续有效，是否存在其他财务内控不规范情形，财务内控不规范相关信息披露是否完整、准确。

尽管无锡金通及其保荐人、申报会计师、发行人律师做出了详尽的回复，然而并未打消发审委的疑虑。

货币资金不能出问题，如果出了问题，无论涉及金额大小，性质都很严重，企业均可能被质疑内控制度是否健全、有效。

7.2.1　银行存款会计科目的设置

银行存款会计科目名称一般由银行名称 + 支行名称 + 银行账号组合而成，如表 7-3 所示。

表 7-3　银行存款会计科目设置

方案	二级科目名称
方案一	中国建设银行股份有限公司 ×× 省 ×× 分行 ×× 支行 6666
方案二	建设银行 ×× 省 ×× 分行 ×× 支行 6666
方案三	建行 ×× 省 ×× 分行 ×× 支行 6666

方案一的描述最为详尽，然而银行名称过长，导致二级科目名称过长；方案三最简；方案二的繁简程度介于方案一和方案二，建议选择方案二。当然，企业也可根据管理风险选择方案一或方案三。

不管选择哪种方案，选定后不要轻易变动，以免影响二级科目名称的统一性。

二级科目名称后面附加银行账户尾号是为了方便记忆，没有规定附加的银行账户尾号位数，当然越全越方便记忆，但越全导致科目越长，所以建议附加四至六位。

7.2.2　货币资金规范管理的基础

货币资金安全管控时必须关注"收支两条线"。收支两条线源于国家财政管控要求，指中央对地方年度预算，采取收支脱钩，分别计算收入留解比例和支出指标的办法。运用到企业资金管控时，收支两条线指资金的收入和资金的支出必须全部纳入账务体系，收支两条线泾渭分明、自成体系，汇合起来又是完整的货币资金收支体系。

收入在纳入账务体系前不得直接用于支出，即不得坐支。坐支就是指收到的资金没有纳入账务体系，而是直接用于开支。坐支会造成业务体外循环，甚至造成资金的灭失风险。

一般而言，资金安全的基本管控措施包含以下内容。

1．不相容职务分离

资金安全管控的基本原则就是不相容职务分离原则。

（1）资金收取的执行与确认分离。

（2）资金支付的审批和执行分离。

（3）资金支付的发起和审核分离。

（4）资金保管的记录与盘点分离。

2．资金收入管控

资金管控往往侧重于资金支出管控，而轻视或忽略资金收入管控。资金收入管控措施包括以下内容。

（1）专门收取。所有银行收取款项必须汇至公司对公账户，所有货币资金（含银行票据）收取必须在工作场所、工作时间交付公司出纳。

（2）凭据收取。出纳收取货币资金必须开具加盖财务专用章的收据，收据必须由出纳签认、经办人签认，不允许出现无签认或单人签认收据。

（3）警戒提示。向客户或潜在交款人温馨提示，款项必须交付公司对公账户，不得私自由他人转交，向业务人员警示不得直接收取款项。

3．资金存放管控

资金存放管控的重点主要包括安全位置和资金盘点两项内容。

（1）安全位置。资金必须存放在安全的位置，尤其是非工作时间，一般要存放在财务室的保险柜内，大型公司的财务用保险柜也可以设置在保安室，且存放场所必须安装防盗门窗及监控。

（2）资金盘点。资金盘点的主要目的是确认资金安全，公司财务部门应合理组织货币资金的盘点工作。

4. 资金支出管控

资金支出管控是很多企业管控资金安全的重心，在实务中，资金支出管控的措施也比较丰富。

（1）逐级核批。一项资金支付应当经过"经办人申请—经办部门负责人审核—相关会计审核—财务部门负责人审核—总经理审批—出纳支付"等6个环节。大型公司环节可能更多，小型公司也须经过3至4个环节。

（2）一支笔审批。必须坚持一支笔审批制，多人审批势必造成宽严不一的情形，不利于资金管控。

（3）印鉴分管。其实质是付款的操作权和审核权要分开，同一笔付款业务须经两人或两人以上协作才能支付成功。财务印鉴包括财务专用章和法人章，财务专用章一般由财务部负责人或其指定非出纳保管，法人章可由出纳保管。在网络支付时代，U盾或其他支付工具也需要分管。

（4）凭单支付。所有资金必须凭借审批完备的支出类单据支付，如请款单、借支单、费用报销单。如果支付涉及的金额巨大，支付前还须与最终审批者再次确认。

（5）逐级支付。一笔款项支付应当经历两人或两人以上的支付流程。以支票支付为例，出纳填写支票，凭请款单和支票向财务专用章保管人申请盖章，盖章后将支票交付经办人，经办人签字确认收取支票。

网银支付流程类似，出纳发起支付申请，网银审批人凭单确认。即便最简单的现金报销费用业务，费用报销单上也必须有出纳签名及报销人收款签名。

7.2.3 库存现金的规范管理

现金管控是企业资金管控的重要内容，企业应当设定好现金限额，并确认提取和盘点机制，保障企业现金安全。

1. 现金限额设定

财务部出纳应根据企业日常现金使用量拟定现金限额，以财务部名义报总经理审批后执行。超过限额的现金下班前无法存放银行的，必须马上向总经理书面请示，并按其指示办理。企业应为此制作现金存放限额申请表，如表7-4所示。

表 7–4　现金存放限额申请表

年　月　日

申请人	
现金存放限额申请	
财务部负责人	
总经理	

2．取现申请

取现属企业内部资金流转，所以多数取现都在出纳与财务经理口头沟通后完成，甚至出纳可自行确定取现金额。取现申请单（见表 7-5）将口头沟通转变为书面凭据。

出纳根据估计的现金使用量确认取现金额报财务经理审批，财务专用章保管人员为通过审批的取现申请单加盖印章。

表 7–5　取现申请单

年　月　日

申请前库存现金余额				
需支出现金	序号	事项	金额	备注
	1			
	2			
	3			
	4			
	5			
	6			
	7			
	8			
	小计			
本次申请取现				
支出后库存现金余额			未超过 30 000 元库存现金余额	

财务经理　　　　　　　　　　　　　　　　　　　　　出纳

3．现金盘点

现金盘点包括出纳自盘和现金监盘，出纳必须每日自盘现金，确保日清。

现金监盘分为定期监盘和不定期监盘。定期监盘一般在月末进行，目的是确保现金的账实相符。

不定期盘点频率由财务部负责人确定，不定期监盘必须具有突击性，失去突击性的盘点不能称为不定期监盘。

不定期盘点简要流程：监盘人员宣布不定期监盘—出纳立即打开保险柜清点库存现金并登记现金盘点表（见表7-6）—监盘人员监盘无误后签认现金盘点表—出纳登记完整现金日记账并与已清点现金核对。

表7-6　现金盘点表

年　月　日　　　　　　　　　　　　　　　　金额单位：元

清　点　现　金				
面值	张（枚）数	金额	加：已支付未登账事项	金额
100元			1	
50元			2	
20元			3	
10元			4	
5元			减：已收到未登账事项	
2元			1	
1元			2	
5角			3	
1角			4	
			日记账应有金额	
			日记账实载金额	
实点金额			差异金额	
差异说明（如有）：				

财务经理　　　　　　　　　　监盘人　　　　　　　　　　出纳

4．不得白条抵库

白条抵库指以个人或单位名义开具不符合财务制度和会计凭证手续的字条与单据，用其抵冲库存现金的行为。

白条抵库会使实际库存现金减少，库存现金账实不符，不管金额大小，其性质极为恶劣，应坚决杜绝。

7.2.4　银行存款的规范管理

银行账户管控包括银行账户的开设、变更、注销及银行存款余额调节表的编制。银行账户开设、变更、注销必须依据经有效审批的银行账户管理表（见表7-7）进行。

表 7-7　银行账户管理表

年　月　日

经办部门		经办人	
事项	□开户　　□变更　　□销户　　□其他		
开户银行名称			
开户银行地址			
银行账号			
账户性质	□基本户　　□一般户　　□临时户　　□专用户		
事由			
财务经理			
总经理			
资料移交清单	1		
	2		
	3		
	4		
	5		
移交人（经办人）		接收人	

银行存款余额调节表是调整企业银行日记账与开户银行资金收支的重要工具，财务部应指派非出纳取得银行对账单并及时编制银行存款余额调节表（见表7-8）。

即便银行账户不存在调整事项，也必须编制银行存款余额调节表。

表 7-8　银行存款余额调节表

年　月　日

银行名称					银行账号				
银行存款账面余额					银行对账单账面余额				
加：银行已收，企业未收					加：企业已收，银行未收				
序号	日期	摘要	金额	备注	序号	日期	摘要	金额	备注
1					1				
2					2				
3					3				
4					4				
5					5				
小计					小计				
减：银行已付，企业未付					减：企业已付，银行未付				
1					1				
2					2				
3					3				
4					4				
5					5				
小计					小计				
调节后的存款余额					调节后的存款余额				
差异金额		差异说明							

财务经理　　　　　　　　　　　　　　　　　　　　　编制

7.2.5　货币资金常见业务的规范

1. 库存现金常见业务

库存现金常见业务包括收取现金、支付现金、现金存入银行、从银行提取现金。

案例

（1）以现金收到销售部张三归还借支款 5 000 元。

借：库存现金　　　　　　　　　　　　　　　　　　　　　　5 000

　　贷：其他应收款——员工——张三　　　　　　　　　　　5 000

（2）以现金支付综合部李四借支款 2 000 元。

借：其他应收款——员工——李四　　　　　　　　　　　　　2 000

　　贷：库存现金　　　　　　　　　　　　　　　　　　　　2 000

（3）库存现金 2 万元存入建设银行。

借：银行存款——建设银行××省××分行××支行6666　20 000

　　贷：库存现金　　　　　　　　　　　　　　　　　　　　20 000

（4）从建设银行（基本户）提取现金 5 万元。

借：库存现金　　　　　　　　　　　　　　　　　　　　　　50 000

　　贷：银行存款——建设银行××省××分行××支行6666　50 000

2. 银行存款常见业务

银行存款常见业务包括银行收款、银行付款、银行间互相转账、现金存入银行、从银行提取现金。其中，现金存入银行、从银行提取现金的处理参见库存现金常见业务处理。

案例

（1）建设银行收到甲客户货款 5 万元。

借：银行存款——建设银行××省××分行××支行6666　50 000

　　贷：应收账款——甲客户　　　　　　　　　　　　　　　50 000

（2）建设银行支付 A 供应商货款 2 万元。

借：应付账款——到票应付——A 供应商　　　　　　　　　　20 000

　　贷：银行存款——建设银行××省××分行××支行6666　20 000

（3）建设银行转入中国银行 10 万元。

借：银行存款——中国银行 ×× 省 ×× 分行 ×× 支行 8888 100 000

　　贷：银行存款——建设银行 ×× 省 ×× 分行 ×× 支行 6666 100 000

3．货币资金业务规范提示

（1）会计分录与资金收支逐笔对应。

为便于审核，货币资金收支必须逐笔登记。一笔收款对应一张收据且编制一笔会计分录，一笔付款对应一张支出单据且编制一笔会计分录。原则上不允许合并或分拆会计分录。

对于单独支付且金额较小的银行手续费用，可按月汇总编制凭证。

（2）会计分录借贷方向与收支对应。

为便于数据统计，收入款项记入货币资金的借方，支付款项记入货币资金的贷方。

反向业务涉及的收付款项和其对应的正向业务的借贷方向一致。例如，销售退货导致的款项退回记入货币资金借方（负数，即红字），采购退货导致的供应商退款记入货币资金贷方（负数，即红字）。

7.3　货币资金账实差异的清理

7.3.1　货币资金账户的规范清理

1．个人卡的清理

某些企业在收付款时涉及私卡公用，即将以股东或其关联人名义办理的个人卡用于企业收付款。

企业必须将所有涉及公用的个人卡向财务规范团队展示，否则货币资金及其相关会计科目（如应收、应付、费用等）的账实清理难以进行。

个人卡按照使用状况分为完整私卡公用的个人卡和部分私卡公用的个人卡。

完整私卡公用的个人卡所有交易信息必须全部纳入企业管理，即该类个人卡要参照银行账户管理。

部分私卡公用的个人卡的和企业相关的交易信息必须纳入企业往来类管理，即将持卡人作为独立个体，该卡的与企业相关的信息作为借贷往来信息处理。

企业如果准备上市，不得使用个人卡。完整私卡公用的个人卡必须销户，销户时的余额及相关利息全部纳入企业库存现金（银行存款）；部分私卡公用的个人卡，应将对应的属于企业的金额转入企业库存现金（银行存款）。

2. 银行账户的清理

财务规范团队要求企业出纳尽快取得最新的银行账户开户清单，了解企业银行账户开设历程及现存状态，对于异常账户如"睡眠户"，应督促企业高层尽快确定处理思路。

单位存款人的银行结算账户长期不发生收付活动，账户处于"睡眠"状态，俗称"单位睡眠户"。

"单位睡眠户"在一定程度上表明存款人已没有开立银行结算账户办理资金收付业务的内在需要，此类账户如果任其长期"睡眠"，一方面不利于存款人有效控制和管理其资金，甚至有可能会造成账户资金被冒名窃取或挪用，产生不必要的损失；另一方面也加大了银行的管理成本。为保障存款人银行结算账户的资金安全，节约银行的账户信息管理资源，减少管理成本，加强银行结算账户管理，银行对一年未发生收付活动且未欠开户银行债务的单位银行结算账户，一般会通知单位存款人办理销户手续，逾期未办的视同自愿销户，未划转款项列入久悬未取专户管理。

对于睡眠户，企业应尽快判断并做出启用或销户的决策。

7.3.2　货币资金账实差异的具体清理

1. 货币资金基准日的监盘

财务规范人员应对基准日的库存现金进行监盘，打印基准日的银行对账单，取得基准日货币资金的准确余额。

2. 货币资金核查与相关科目并行

规范期间的货币资金核查往往和其他关联科目并行，如应收账款、应付账款、其他应收款等科目的核查。

对这些关联科目的核查完成后，货币资金的核查工作才算完结。

3. 库存现金基准日的账实差异处理

对于库存现金账实差异，应以反向思维的方式倒推到规范期间的前期。假定规范期间为 2021 年 1 月 1 日至 2022 年 4 月 30 日，库存现金的账实差异倒推到 2020 年 12 月处理。

应收账款与营业收入高度相关，所以审核人员对应收账款规范性的关注不亚于对营业收入的关注。

8.1 审计报告与年度报告关于应收账款的披露

8.1.1 审计报告中的应收账款披露

注册会计师在审计报告中对应收账款及对应坏账准备进行全方位披露，包括按账龄长短分类、按坏账计提方式分类进行应收账款披露，见表 8-1、表 8-2。

对按单项计提预期信用损失的应收账款进行单独披露（见表 8-3），对按组合计提预期信用损失的应收账款按账龄及坏账计提方式分类披露（见表 8-4）。

同时披露本期计提、收回或转回的坏账准备情况（见表 8-5），并披露按欠款方归集的期末余额前 5 名的应收账款情况（见表 8-6）。

表 8-1　按账龄长短分类披露的应收账款

账龄	期末余额	期初余额
1 年以内		
1—2 年		
2—3 年		

续表

账龄	期末余额	期初余额
3—4 年		
4—5 年		
5 年以上		
合计		

表 8-2　按坏账计提方式分类披露的应收账款

类别	期末余额				
	账面余额		坏账准备		账面价值
	金额	比例（%）	金额	比例（%）	
按单项计提预期信用损失的应收账款					
按组合计提预期信用损失的应收账款					
其中					
账龄组合					
低风险组合					
合计					

类别	期初余额				
	账面余额		坏账准备		账面价值
	金额	比例（%）	金额	比例（%）	
按单项计提预期信用损失的应收账款					
按组合计提预期信用损失的应收账款					
其中					
账龄组合					
低风险组合					
合计					

表 8-3　按单项计提预期信用损失的应收账款披露

单位名称	期末余额			
	账面余额	坏账准备	计提比例（%）	计提理由
甲公司				
乙公司				
丙公司				
丁公司				
戊公司				
……				
合计				

表 8-4　按组合计提预期信用损失的应收账款披露

账龄	期末余额		
	账面余额	坏账准备	计提比例（%）
1 年以内			
1—2 年			
2—3 年			
3—4 年			
4—5 年			
5 年以上			
合计			

表 8-5　本期计提、收回或转回的坏账准备情况

类别	期初余额	本期变动情况				期末余额
		计提	收回或转回	核销	其他变动	
按单项计提预期信用损失的应收账款						
按组合计提预期信用损失的应收账款						
其中：账龄组合						
合计						

表 8-6　按欠款方归集的期末余额前 5 名的应收账款情况

名次	期末余额	占应收账款期末余额的比例（%）	已计提坏账准备
第 1 名			
第 2 名			
第 3 名			
第 4 名			
第 5 名			
合计			

8.1.2　年度报告中的应收账款披露

年度报告中对应收账款进行总体披露，将应收账款置于管理层讨论与分析板块的资产及负债情况中，内容包括应收账款期末金额及占总资产比例、期初金额及占总资产比例、期末与期初变动比例等。

具体内容参见表 7-2。

8.2　应收账款核算的财务规范

案例：北京国科环宇发行上市申请被否

科创板上市委 2019 年 9 月 5 日第 21 次审议会议对北京国科环宇科技股份有限公司（简称国科环宇）发行上市申请进行审议，经过合议形成了不同意国科环宇发行上市的审议意见。根据《上海证券交易所科创板股票发行上市审核规则》，上交所结合上市委的审议意见，做出了终止对国科环宇的科创板发行上市审核的决定。发行人会计基础工作不规范和内部控制制度缺乏有效性是被否的主因。

发行人 2019 年 3 月在北京产权交易所挂牌融资时披露的经审计 2018 年母公司财务报告中净利润为 2 786.44 万元，2019 年 4 月申报科创板的母公司财务报告中净利润为 1 790.53 万元，两者相差 995.91 万元。前述净利润差异的主要原因是，发行人将 2018 年 12 月收到的以前年度退回企业所得税、待弥补亏损确认递延所得税资产，从一次性计入 2018 年损益调整为匹配计入申报期内相应的会计期间，其中调增 2018 年所得税费用 357.51 万元、递延所得税费用 681.36 万元，合计影响 2018 年净利润 −1 038.87 万元。

发行人应收账款账龄划分和成本费用划分不够准确，导致两次申报的财务报表成本费用多个科目存在差异。两次申报时间仅相差一个月，且由同一家审计机构出具审计报告。

案例点评如下。

从国科环宇的案例来看，交易所在不断的问询和反馈中，既纠正了拟发行企业信息披露不规范的问题，又促使企业信息充分披露。但是，不管经历几轮问询，一旦企业出现不符合上市条件的情况，科创板上市委都会依法主动行使"否决权"，这样做的目的是从源头上提高科创板上市公司质量。

虽然科创板实行注册制，但并非什么企业都可以上市。国科环宇发行上市申请被否是因为其自身存在非常明显的短板，不符合科创板 IPO 的标准。对于明显可能造成投资者权益受损的企业，交易所为保护投资者利益，有责任将其拒之门外。

案例：欣泰电气虚构回款规避应收账款坏账准备计提

2015 年 11 月，丹东欣泰电气股份有限公司（简称欣泰电气）发布公告，称公司拟对以前年度重大会计差错进行更正并追溯调整相关财务数据。其所谓"重大会计差错"，即 2011 至 2014 年通过累计虚构收回应收账款 4.69 亿元，影响利润累计 2 000 余万。

根据追溯调整公告，欣泰电气通过虚构收回应收账款并于下一会计期初转出资金、转回应收账款的办法来影响公司利润，公司得以通过缩减账龄少计提应收账款坏账准备。

根据追溯调整公告，欣泰电气在 2011 至 2014 年，分别应调增应收账款期末余额 1.02 亿元、1.18 亿元、1.84 亿元和 0.73 亿元；受此影响，2011 至 2013 年，公司净利润分别应调减 561 万元、618 万元、1 054 万元，2014 年度应调增净利润 255.14 万元。

2015 年 5 月，根据证监会《上市公司现场检查办法》，证监会辽宁监管局对辖区内的欣泰电气进行现场检查。检查发现，这家公司可能存在财务数据不真实等问题。

证监会迅即立案，组成了来自证监会深圳监管局、辽宁监管局近30人的联合调查组。联合调查组进公司、跑银行、访客户，历时4个月左右，最终坐实了欣泰电气欺诈发行和重大信息披露遗漏，并开出了针对欺诈发行的罚单。

早在2009年9月，欣泰电气首次提交IPO申报材料，但于2011年3月因"所并购资产持续盈利能力不足"等原因被否。

2011年6月，欣泰电气准备再度提交IPO申报材料。然而，由于欣泰电气迫于经营压力，对客户把关不严，回款难度大的客户增多，现金流一度成为负数。2011年底的模拟财务报表甚至显示，公司存在"经营性现金流为负""应收账款余额较大"等问题。

当时，欣泰电气总会计师刘某胜认为，此财务数据很难符合上市条件，并向欣泰电气董事长温某乙建议虚构收回应收款项。最终，欣泰电气以载有虚假数据的招股说明书于2014年3月堂而皇之地登陆A股，募集资金2亿多元。

欣泰电气的自有资金通过"欣泰电气—供应商—客户—欣泰电气"这么一倒，应收账款大大减少，欣泰电气的财务报表好看了不少。

除了公司自有资金外，温某乙本人向他人和第三方公司大量借款，甚至不经过客户的账户就实现了资金的流转。

一是温某乙向他人借款，出纳在银行柜台同时办理现金提取和现金交款，但在填写现金交款单时，在付款人一栏直接填写客户公司名称，算作客户支付给欣泰电气的应收账款。报告期过后，出纳再去银行办理现金提取和现金交款，钱又还给了借款人。

二是温某乙向第三方公司借款，通过银行汇票来走账。简单地说，向温某乙借款的第三方公司开具银行汇票，经过客户盖章背书后给欣泰电气，算作收回的应收账款。待到报告期过后，再由欣泰电气开具银行汇票，经客户盖章背书后转给第三方公司。由此，资金实现了原路转回。

调查资料显示，2012年6月，温某乙向丹东一家公司借款9000万元，后由该公司分数十笔给欣泰电气的51家客户开具银行汇票，再转给欣泰电气。欣泰电气的账上收回了9000万元应收账款。报告期过后，到当年7月，欣泰电气开具银行汇票给51家客户，再转回借款企业，资金由此实现闭环。

更令人吃惊的是，欣泰电气多位业务人员表示银行汇票上用以背书的客户公章和私章很多都是私刻的。调查人员在走访部分客户时了解到，没有一家客户承认在这些银行汇票上盖了章。

通过汇票倒账的成本压力越来越大，温某乙也很难及时借到钱。从 2013 年开始，公司开始自制银行进账单和付款单。制作流程十分简单，先在计算机上制作银行单据，填入相应的客户名称、金额等信息，再直接打印出来。随后，这些自制账单会由出纳带到银行补盖章。

只要保证收款和付款不在同一个会计期内就可以增加现金流，实际上并没有真实的现金在流动。事实上，欣泰电气在制作假单据时颇费心思，所涉及客户都与公司有业务往来，对冲金额有大有小，有些假数据甚至精细到小数点后面几位，看起来很像真的。

说一句谎话可能需要再说一万句谎话来圆。制作假账单后，还必须要有相应的银行流水单。相关财务人员会根据财务账单的记录，在计算机上重新制作一份虚假的银行流水，再让出纳去银行盖章。

在 2013 年之后的四份财务报告中，欣泰电气自制银行单据的做法频频出现。2013 年 1 月至 6 月，欣泰电气直接通过伪造银行进账单的方式虚构收回应收账款近 1.29 亿元。

案例点评如下。

欣泰电气于 2014 年 1 月上市，按照其虚构收回应收账款的做法，其于 2011 至 2013 年调增利润，有上市前粉饰业绩的嫌疑，且 2011 至 2014 年累计虚构收回应收账款高达 4.69 亿元，而公司这几年每年的营业收入规模也只有 4 亿多元，仅用一句"重大会计差错"难以服众。

财务造假一旦开始就很难停下来，欣泰电气正是为了圆上市前的谎而延续了之后的造假路，最终付出了沉重代价，所有准备上市和已经上市的公司都应该引以为戒。

案例：广东榕泰违规被处罚

根据《中国证券监督管理委员会广东监管局行政处罚决定书》（〔2021〕8号），2021 年 3 月 11 日，广东榕泰实业股份有限公司（简称广东榕泰）收到证监会广东监管局下发的告知书，称广州榕泰因"虚增利润""未按规定披露关联关系"等违法行为被处罚款 1 500 万元。

截至 2018 年 12 月 31 日，广东榕泰对揭阳市金铧贸易有限公司等 3 家客户的应收账款余额合计为 1 224.69 万元。2019 年 3 月，广东榕泰发现该 3 家客户无法联系，且已经注销。董事长杨某生为避免全额计提减值准备、影响公司 2018 年利润，组织财务总监郑某佳等人，利用公司自有资金通过和通塑胶、中粤农资及第三方机构循环支付，并制作虚假的代付款协议，虚构从上述 3 家客户收取货款 1 224.69 万元，冲减对相关客户应收账款余额至零，从而免于对相关客户的应收账款计提坏账准备 1 224.69 万元，导致 2018 年年度报告虚增利润 1 224.69 万元，占 2018 年年度报告披露利润总额 17 833.45 万元的 6.87%。

案例点评如下。

按 2005 年旧版《证券法》，当上市公司存在"虚假陈述"时，对上市公司及其高管的顶格罚款分别是 60 万元和 30 万元。由于违法成本过低，这个处罚条款也常被诟病。2020 年 3 月 1 日正式开始实施的新《证券法》对此做出修订，大大提高了处罚金额。在新《证券法》实施一年后，广东榕泰成为 A 股首家被罚千万余元的上市公司。

8.2.1 应收账款会计科目的设置

"应收账款"属于一级会计科目，客户属于应收账款核算的末级科目，在一级会计科目和末级科目之间，包括区域、行业，甚至产品线分类。

1. 区域分类

客户按照所处行政区划进行分类。按行政区划分类的方式也很多，常见的分类方式为地理大区＋省（市、区）。

（1）东北地区：辽宁、黑龙江、吉林。

（2）华北地区：北京、天津、河北、河南、山东、山西、内蒙古。

（3）华东地区：上海、江苏、浙江、安徽。

（4）华南地区：福建、广东、广西、海南、港澳台。

（5）华中地区：湖北、湖南、江西。

（6）西北地区：陕西、甘肃、宁夏、青海、新疆。

（7）西南地区：四川、云南、重庆、贵州、西藏。

值得注意的是，客户尤其是集团性客户的注册地址、办公地址、收货地址等可能不统一，此时企业应该根据中介机构的意见具体设定区域划分标准及次序。

如果国际客户较多，可先按洲际划分，或按国内外划分，然后国内再按地理大区＋省（市、区）划分。

2．行业分类

客户按照所处行业进行分类，参照证监会的行业标准。

3．客户名称

必须规范填写客户名称。公司制客户名称须按照客户营业执照的规范名称记录；自然人客户名称按照客户身份证全名记录，为杜绝自然人客户的重名影响，自然人客户前可增加其所在省、市、区的规范名称。

4．应收账款科目设置示例

应收账款——华中——湖北省——××科技有限公司

应收账款——华南——广东省——××省××市××区张三

8.2.2　应收账款常见业务的规范

应收账款常见业务包括应收账款的确认和应收账款的冲销（即回款）等。

案例

某公司 2022 年 5 月向华中区 HB 省的甲客户销售 A 系列的 a 产品 100 个，实现销售收入 100 000 元，增值税销项税额 13 000 元，2022 年 5 月收到甲客户货款 50 000 元。

账务处理如下。

（1）营业收入确认。

借：应收账款——华中——HB——甲客户　　　　　　　　　113 000

　　贷：主营业务收入——A 系列——a 产品——华中——HB　　100 000

　　　　应交税费——应交增值税（销项税额）　　　　　　　13 000

（2）建设银行收到甲客户货款 50 000 元。

借：银行存款——建设银行××省××分行××支行 6666　50 000

　　贷：应收账款——华中——HB——甲客户　　　　　　　　50 000

8.2.3　应收账款原路返回思路的运用

应收账款反向业务包括冲销应收账款和应收账款的冲销。

案例

接上例，某公司 2022 年 5 月向华中区 HB 省的甲客户销售 A 系列的 a 产品存在瑕疵，双方商议折让 1 130 元，假定按比例退回甲客户已支付的款项。

账务处理如下。

（1）冲销应收账款。

借：应收账款——华中——HB——甲客户　　　　　　　　　　　－1 130

　　贷：主营业务收入——A 系列——a 产品——华中——HB　　－1 000

　　　　应交税费——应交增值税（销项税额）　　　　　　　　－130

（2）建设银行退回甲客户货款 500 元（应收账款的冲销）。

借：银行存款——建设银行 ×× 省 ×× 分行 ×× 支行 6666　　－500

　　贷：应收账款——华中——HB——甲客户　　　　　　　　　－500

应收账款使用口诀：应收确认在借方、应收回款在贷方、应收冲销借方负、应收退款贷方负。

8.2.4　不启用预收、预付及其他应付款科目

案例

2022 年 5 月预收华南区 GD 省的乙客户货款 20 000 元。

收到预收账款。

借：银行存款——建设银行 ×× 省 ×× 分行 ×× 支行 6666　　20 000

　　贷：应收账款——华南——GD——乙客户　　　　　　　　　20 000

收到乙客户的预收款项，为什么没有使用预收账款科目，而依然使用应收账款科目？

对于往来类科目，建议不要启用预收账款、预付账款、其他应付款科目。换言之，只需要通过应收账款、应付账款、其他应收款就足以应对公司的往来类核算。其主要原因有：第一，不同时启用预收账款、预付账款、其他应付款科目，可防止就同一事项两头挂账；第二，会计科目的重分类功能足以实现日常财务报表的编制与分析。

当资产类往来会计科目期末出现贷方余额时，这对公司而言不再是债权而是债务，应重新分类到负债类科目；反之，当负债类往来科目期末出现借方余额时，这对公司而言不再是债务而是债权，应重新分类到资产类科目。

比如，应收账款某一明细科目期末出现贷方余额，这时应将它重分类到预收账款科目。

应收账款与预收账款、应付账款与预付账款、其他应收款与其他应付款为重分类的对应科目。

8.3　应收账款账实差异的清理

8.3.1　以应收账款为代表的浅痕要素的差异清理

1. 账实差异的清理逻辑

账实差异的清理逻辑包括取得差异、夯实核算、清理差异。

（1）取得差异：获取基准日的真实余额，并与基准日的账面余额相减，得出账实差异。

（2）夯实核算：同步核实规范期间各科目的确认与计量。

（3）清理差异：因势利导、因账而异，对各科目的账实差异进行集中化清理，最终达到规范期间（含基准日）的账实相符。

2. 浅痕要素的清理难度

货币资金、存货、固定资产等在现实中是有实物对应的，其被称为有物要素；短期借款、应付职工薪酬、应交税费等虽没有实物对应，但对手一般会规范记录，其被称为深痕要素。

相对于有物要素与深痕要素，不甚严谨地将应收账款、其他应收款、应付账款等称为浅痕要素。

对于有物要素与深痕要素，经过盘点清理很容易搞清楚有与无，顶多再对其权属进行核实，进而对账实差异进行清理，达到账实相符。

浅痕要素账实差异的清理逻辑与有物要素和深痕要素的一样，然而其清理难度极大。因为有物要素有实物对应、深痕要素有痕迹佐证。然而，浅痕要素在规范日的真实余额难以确定。

3. 浅痕要素的交织清理

应如何对浅痕要素进行账实差异的确认与清理呢？要把握两点：同步交织与知难而退。

（1）同步交织。

取得差异与夯实核算这两个步骤是交织进行的。企业应该明确，规范之初的账实差异并非最终的账实差异，最初的差异数据只是支撑模型完整性的某个节点数据而已。

以应收账款为例，先核实基准日应收账款的真实余额，将其与目前的账面余额相减，得出基准日的账实差异金额。然后，同步核实规范期间应收账款的确认和收款，以及确认收款对应的反向业务——冲销与退款。最后，对应收账款的账实差异进行清理，达到账实相符。

（2）知难而退。

财务规范的理想目标当然是找到差异、解决问题。对于财务规范工作，要抱有十足的信念和冲劲。但也必须有理性的思维，认识到可能无法发现并解决所有的账实差异。

8.3.2　应收账款账实差异产生的原因

基于财务不规范的三种类别："该算的没有算，不该算的算了，算得不规范"，下面介绍应收账款账实差异产生的原因。

应收账款的正向业务包括应收账款的确认和冲销（即回款），应收账款的反向业务包括应收账款的冲销和退款。应收账款的冲销指折扣、折让、退货引起的营业收入的负向确认而导致应收账款被冲减，应收账款的退款指折扣、折让、退货引起的营业收入的负向确认而导致将货款退还客户。

1.　该算应收或回款的却没有算

该由公司确认的应收账款未被确认，主要指向客户无票销售。

应由公司收取的账款却由公司外的单位或个人收取，主要指股东或股东关联的其他单位或个人收取款项或虽未收取但约定由其收取，及由其冲销相应往来的情形。

2.　不该算的应收或回款却算了

不该由公司确认的应收账款却被确认，主要指确认股东或与股东相关联的其他单位或个人的应收账款。

不应由公司收取的账款却由公司收取，主要指公司收取了股东或股东关联的其他单位或个人的应收账款。

3.　应收或回款算得不规范

应收或回款算得不规范很复杂，常见的情形包括：客户的应收账款确认多或少了；甲客户的应收账款却确认在乙客户名下；甲客户的回款却登记在乙客户名下。

8.3.3　应收账款账实差异的核查职责

应收账款账实差异的核查是一项异常艰巨的长期工作，从事这项工作前应首先明确核查职责。

应收账款账实差异的核查职责理所应当由财务部门和销售部门承担，那么谁来承担核查的主要责任呢？财务部门认为这是销售部门的事情，自己只是登账的；销售部门认为涉及账簿，这就是财务部门的事情。现实中的争论导致账实差异核查工作止步不前。

应收账款由销售部门而起，销售部门应承担主要责任，但是财务部门不能不管，会计核算与账务处理都是财务部门进行的，所以财务部门负有同等职责。

总之，财务部门对最终结果承担主要职责，销售部门对具体事项承担核实职责。

8.3.4 应收账款账实差异的核查原则

确认应收账款基准日的实际余额很困难，不到最后一刻，这个实际余额可能都无法确定。但这是使应收账款账实相符的关键步骤。在应收账款账实差异的核查中应遵循先易后难、迎难而上、知难而退的原则。

1．先易后难：先梳理清晰的应收账款

在应收账款账实差异的核查中，要查看一遍所有应收账款的现有账面情况，先确定容易核查的应收账款。这类应收账款通常包括：新客户的应收账款，确认、回款及支撑文件齐备的老客户应收账款。

通过上述客户的合同、订单、发货单、签收单、回款单及其他辅助证据等信息确定此类应收账款在基准日的余额。一般来说，此类应收账款数量占应收账款总数量的 60% 到 70%。

2．迎难而上：再攻坚复杂的应收账款

为什么要进行账实差异的核对清理？因为企业对复杂客户的应收账款存疑。

一般来说，此类应收账款数量占应收账款总数量的四分之一至三分之一。通过详细、逐笔地核实比对清理，企业能确定一部分复杂客户的应收账款。

3．知难而退：放弃"钉子户"型的应收账款

经过前两步，剩下的估计都是"钉子户"了，对于这类应收账款，企业要审时度势。变换角度再出发，看看能否攻克。

经过三四轮变换与攻克，剩下的估计就是难以攻克的"钉子户"了，对于难以攻克的"钉子户"，要快刀斩乱麻，与客户沟通，确定一个双方都认可的基准日余额。

8.3.5 应收账款账实差异的核查方法

1．账实核对法

账实核对法也称为内部佐证法，即对应收账款凭证进行逐笔核查，确保应收账款的真实性。

2．外部佐证法

在账实核对法的基础上，仍然无法确定应收账款的基准日余额时，应查看是否存在外部佐证，比如过去的客户对账函、沟通纪要等，以期找到核实账实差异的支撑依据。

3．外部支撑法

对于账实核对法和外部佐证法都无法奏效的"钉子户"应收账款，在反复核实无果的情况下，以迂回方式与客户沟通，获取客户的应收账款往来资料，以帮助确定基准日余额。

8.3.6　应收账款账实差异的核查流程

综合应收账款的核查职责、核查原则、核查方法等，下面以应收账款为例详细解读浅痕要素的核查流程。

1．初步取得基准日的应收账款余额

应收账款基准日余额来源于财务部门账载余额和销售部门台账余额。核对审查中往往偏向于采信财务部门的账载余额，这是相对片面的。对于初步余额不能单方采信，而要综合分析后确定采信哪一方。

需要强调的是，第一步取得的应收账款基准日余额是粗略数据，随着后续核查工作的深入、证据链条的完善，应收账款基准日余额将逐渐清晰。

2．逐个客户核查应收账款的确认与回款支撑记录

理论上讲，应收账款基准日余额只是某个时点的应收账款借贷方余额。如果客户应收账款的借贷方发生额（包括金额、方向、期间）没有问题，则其各期的余额必然准确。所以财务规范团队要对所有客户涉及的所有应收账款借贷方发生额进行确认。

需要强调的是，在确认过程中不能强求一步到位。

如果应收账款确认和回款做得都很规范，那么账务组合起来就是完整的确认、回款、余额三方信息。这样操作看似机械但有效。相反，一步到位往往造成付出精力过多、业务处理得过于杂乱。

（1）应收账款确认方面。

账外应收（收入）纳入账内，按照规范的应收（收入）确认账务处理。将应收账款对应正确的客户，同时开具增值税专用发票或进行无票收入申报。

另外，将不属于公司的应收（收入）剔除。

（2）应收账款回款方面。

账外应收回款纳入账内。账外关联单位（个人）代收款后应缴存回公司对公账户。

案例

财务规范团队发现，某公司 2022 年 5 月向华中区 HB 省的甲客户销售 A 系列的 a 产品 100 个，实现销售收入 100 000 元，增值税销项税额 13 000 元，该业务确认及回款均未纳入公司账内，甲客户于 2022 年 5 月将货款支付给总经理王五，2022 年 6 月总经理王五按财务规范团队要求将款项缴存回公司对公账户。

账务处理如下。

（1）营业收入确认。

借：应收账款——华中——HB——甲客户   113 000

  贷：主营业务收入——A 系列——a 产品——华中——HB 100 000

    应交税费——应交增值税（销项税额）   13 000

（2）王五缴存代收货款。

借：银行存款——建设银行 ×× 省 ×× 分行 ×× 支行 6666 113 000

  贷：其他应收款——员工——王五   113 000

（3）王五代收甲客户货款。

借：其他应收款——员工——王五   113 000

  贷：应收账款——华中——HB——甲客户   113 000

（3）合同、发货、开票、回款不一致。

举一个极端例子，与甲客户签署合同，将货发给乙客户，向丙客户开具发票，收到丁客户回款。

处理时坚持"以发票为核心"的原则，即将除发票以外的均视为发票客户的委托或受托事项。

3.　再次核对基准日的应收账款余额

各个客户应收账款的确认、回款、余额三方信息已确认，将重新获取的最新的应收账款基准日余额与财务账载余额及销售台账余额进行再次核对，账实不相符的客户的数量也进一步减少。

4.　商讨疑难应收账款的清理思路

上述 1、2、3 步骤重复多次，应收账款基准日余额账实相符的客户将越来越多。但不管多么努力，总是会存在应收账款账实不符但无法查明原因的情况，这就是俗称的疑难应收账款。

财务规范团队应会同企业及中介机构共同商讨疑难应收账款的清理思路。

8.3.7　疑难应收账款账实差异的处置

基准日的应收账款应是良性的、正常的，这一基础性思想主导了应收账款账实差异的处置思路。对于疑难应收账款账实不符情况，常见处置思路如下。

1.　确认呆坏账

对于长期呆滞、无收回可能的应收账款，应在会计上直接确认为坏账损失。

一般而言，呆坏账应在规范期间之前予以确认，同时确认之后，需要对规范期间之前的会计年度的企业所得税汇算清缴另外进行更正（或补充）申报。

2.　转移疑难账

看着像呆坏账，但有收回可能的应收账款，可通过签订债权债务转让协议的方式将此类债权转至其他公司。

实务中的应收账款账实差异处置思路复杂，上面是常见的两种处置思路，限于篇幅，不一一列举。

第 9 章
其他应收款的规范核算

其他应收款是往来账目的"万能筐",也是浅痕要素中账实差异核实的难项,再难也要上,而且必须实现账实相符的规范目标。

9.1　审计报告与年度报告关于其他应收款的披露

通俗来讲,所有跟主营业务无关的往来款项,都会被放入其他应收款。所以,其他应收款所包含的内容相当杂乱。正是因为其他应收款归类复杂,审核人员对其他应收款的关注绝不亚于对应收账款的关注。

9.1.1　审计报告中的其他应收款披露

注册会计师在审计报告中对其他应收款进行全方位披露,包括应收利息、应收股利、其他应收款进行披露,如表 9-1 所示。

按款项性质披露的其他应收款包括往来款、备用金及其他的披露,见表 9-2。

同时披露本期计提、收回或转回的坏账准备情况(见表 9-3),并披露按欠款方归集的期末余额前 5 名的其他应收款情况(见表 9-4)。

表 9-1　其他应收款项披露

项目	期末余额	期初余额
应收利息		
应收股利		
其他应收款		

表 9-2　按款项性质披露的其他应收款

款项性质	期末余额	期初余额
往来款		
备用金及其他		
合计		

表 9-3　其他应收款坏账准备计提、收回或转回情况

坏账准备	第一阶段 未来 12 个月预期信用损失	第二阶段 整个存续期预期信用损失（未发生信用减值）	第三阶段 整个存续期预期信用损失（已发生信用减值）	合计
期初余额				
本期计提				
本期收回或转回				
本期核销				
本期其他变动				
期末余额				

表 9-4　按欠款方归集的期末余额前 5 名的其他应收款情况

名次	期末余额	占其他应收款期末余额的比例（%）	已计提坏账准备
第 1 名			
第 2 名			
第 3 名			
第 4 名			

续表

名次	期末余额	占其他应收款期末余额的比例（%）	已计提坏账准备
第5名			
合计			

9.1.2　年度报告中的其他应收款披露

年度报告中对其他应收款进行总体披露，将其他应收款置于管理层讨论与分析板块的资产及负债情况中，内容包括其他应收款期末金额及占总资产比例、期初金额及占总资产比例、期末与期初变动比例等。

具体内容参见表7-2。

9.2　其他应收款核算的财务规范

案例：中水渔业乱用其他应收款违规不披露

2017年11月，中水集团远洋股份有限公司（简称中水渔业）发布公告称收到证监会北京证监局的《行政处罚决定书》，认定中水渔业2015年半年度报告存在虚假记载、重大遗漏的行为，违反了《证券法》第六十三条、第六十八条的规定，构成《证券法》第一百九十三条第一款所述"发行人、上市公司或者其他信息披露义务人未按照规定披露信息，或者披露的信息有虚假记载、误导性陈述或者重大遗漏"的行为。公告显示，2014年12月，中水渔业宣布出资2.2亿元收购张某赐持有的厦门新阳洲水产品工贸有限公司（简称新阳洲）55%股权，当年12月31日，新阳洲完成55%股权交割过户，并办理完毕工商变更登记手续。

2015年3月，中水渔业委托中审亚太会计师事务所（特殊普通合伙，以下简称中审亚太）对新阳洲2015年度财务报表期初数据进行审计。

根据审计情况，新阳洲初步确认账实不符金额总计84 399 221.64元。2015年

4 月至 8 月，新阳洲对相关账务进行自查核实，并逐步发现张某赐存在占用公司资金情况，新阳洲对张某赐的其他应收款金额约为 2.2 亿元，后在新阳洲 2014 年度利润分配时，张某赐以其获得分红冲减其他应收款金额。

2015 年 9 月，新阳洲委托大信会计师事务所（特殊普通合伙，以下简称大信）对新阳洲 2014 年度财务数据进行审计。自 2015 年 1 月 1 日至 2015 年 6 月 30 日，张某赐偿还其他应收款 11 905 539.34 元。截至 2015 年 6 月 30 日，新阳洲对张某赐的其他应收款余额为 168 424 045.13 元。

中水渔业不晚于 2015 年 7 月 31 日知悉截至 2014 年 12 月 31 日新阳洲对张某赐的其他应收款金额约为 2.2 亿元。但在编制 2015 年半年度报告财务报表时，中水渔业仅将 2015 年第一季度初步确认的新阳洲账实不符金额 84 399 221.64 元调整到其他应收款——其他，与根据大信审计报告以及张某赐还款说明测算的新阳洲对张某赐的其他应收款余额 168 424 045.13 元相比，相差 84 024 823.49 元。因此，中水渔业 2015 年半年度报告披露的合并资产负债表其他应收款项目期末金额少计 84 024 823.49 元，约占中水渔业最近一期经审计的财务报表所披露净资产 842 233 388.66 元的 9.98%。

同时，中水渔业 2015 年半年度报告没有披露张某赐作为期末余额前 5 名的其他应收款情况，也没有披露新阳洲当时已陷入困境的财务状况、生产经营状况等不利情形。

证监会北京监管局认为，中水渔业 2015 年半年度报告存在虚假记载、重大遗漏的行为，违反了《证券法》第六十三条、第六十八条的规定，构成《证券法》第一百九十三条第一款所述"发行人、上市公司或者其他信息披露义务人未按照规定披露信息，或者披露的信息有虚假记载、误导性陈述或者重大遗漏"的行为。

案例点评如下。

堂堂中水渔业，小小 2 亿并购，却狠狠地摔了一跤。2014 年 12 月已完成并购，2015 年 5 月才委托中审亚太对并购标的 2015 年度财务报表期初数进行审计。换言之，先上车再补票。审着审着，发现踩了地雷，踩了雷还不算，关键是踩了雷还悄无声息，中水渔业辱没国企斯文。

9.2.1 其他应收款会计科目的设置

其他应收款对象可分为员工、单位和其他，保证金发生较多的企业也可单独设立存入（出）保证金，如表9-5所示。

表9-5 其他应收款会计科目

对象	科目名称
员工	其他应收款——员工——张三
单位	其他应收款——单位——×× 科技有限公司
存入保证金	其他应收款——存入保证金——×× 科技有限公司
存出保证金	其他应收款——存出保证金——×× 科技有限公司
其他	其他应收款——其他——李四

（1）员工：主要核算员工（与公司有劳动合同关系的人员）办理公司公务的临时借支及报销冲账，以及员工与公司之间的其他收支往来。

（2）单位：主要核算除产品、服务交易的非客户、非供应商与公司发生的其他往来业务。这些非客户、非供应商比较繁杂、形式多样，用"单位"比用"公司"更合适。

（3）存入保证金：主要核算公司因项目招标或其他保证事项，收到的对方单位缴纳的投标保证金、履约保证金等。原则上不建议启用其他应付款，如果管理需要，可将存入保证金设置在其他应付款科目中。

（4）存出保证金：主要核算公司因项目投标或履行合同，向对方单位支付的投标保证金、履约保证金等。

（5）其他：主要核算除上述以外的其他项目，即非员工的自然人与公司发生的与公司主业无关的其他往来业务。

9.2.2 其他应收款常见业务的规范

其他应收款常见业务包括借支、报销、往来款收付等业务。

案例

（1）综合部李四借支现金2 000元。

借：其他应收款——员工——李四   2 000

| | 贷：库存现金 | 2 000 |

（2）综合部李四报销办公费并归还借支余额（现金）200 元。

	借：管理费用——办公费——综合部	1 800
	库存现金	200
	贷：其他应收款——员工——李四	2 000

（3）银行收甲公司投标保证金 20 000 元。

| | 借：银行存款——建设银行 × × 省 × × 分行 × × 支行 6666 | 20 000 |
| | 　　　贷：其他应收款——存入保证金——甲公司 | 20 000 |

（4）银行退还甲公司投标保证金 20 000 元。

| | 借：其他应收款——存入保证金——甲公司 | 20 000 |
| | 　　　贷：银行存款——建设银行 × × 省 × × 分行 × × 支行 6666 | 20 000 |

需要强调的是，其他应收款的反向业务多因凭证差错更正引起，一般因为多计需要冲销原凭证多计金额，此时按照"原路返回、金额为负"原则处理即可。

除此之外，有些业务看似为反向业务，实则为正常业务，如还借支余款。

9.3　其他应收款账实差异的清理

首先，核实基准日其他应收款的真实余额，将其与目前的账面余额相减，得出基准日的账实差异金额；同步核实规范期间其他应收款的发生与冲销。然后，对其他应收款的账实差异进行清理，达到账实相符。

9.3.1　其他应收款账实差异产生的原因

基于财务不规范的三种类别："该算的没有算，不该算的算了，算得不规范"，下面介绍其他应收款账实差异的原因。

1. 该算借支的却没有算

其他应收款的借支包括合规经营性借支、无票经营性借支、非经营性借支三种情况。后两者往往导致长期挂账，甚至未被记录，导致货币资金畸多。

某公司的库存现金余额长期高企并逐步攀升，在基准日竟高达两三百万元，极不符合常理。审查人员审查发现，是库存现金的支出未记账，导致库存现金只有提取没有支出形成的；再一追查，发现是公司的无票经营性借支及非经营性借支造成的。

有的公司库存现金比较正常，然而银行存款的账面余额远大于银行对账单的余额，这也是公司财务人员为掩饰无票经营性借支、非经营性借支，有意不编制取现及借支凭证所致的。

2. 该不算报销的却算了

股东或公司员工将与业务不相关的票据在公司报销，借以冲销个人借支或凭票虚报转出现金。

3. 其他应收款算得不规范

其他应收款算得不规范的情形很复杂，常见的情形包括：其他应收款账面记录与支撑文件记录不一致；甲单位（或人）的其他应收款却确认在乙单位（或人）名下；甲单位（或人）的其他应收款冲销却登记在乙单位（或人）名下。

9.3.2 其他应收款账实差异的核查

1. 其他应收款账实差异的核查职责

同应收账款的核查职责划分类似，其他应收款的核查职责由财务部门与经办部门共同承担。财务部门对最终结果承担主要职责，经办部门对具体事项承担核实职责。

较久远的其他应收款经办人难以考证或已不存在的，根据现有职责由财务规范团队确定或指定经办部门，经办部门指定负责人。

2. 其他应收款账实差异的核查原则

同应收账款账实差异的核查原则类似，其他应收款账实差异的核查原则也为"先易后难、迎难而上、知难而退"。

（1）先易后难：先梳理清晰的其他应收款

（2）迎难而上：再攻坚复杂的其他应收款

（3）知难而退：放弃"钉子户"型的其他应收款

3．其他应收款账实差异的核查方法

同应收账款账实差异的核查方法类似，其他应收款账实差异的核查方法也包括账实核对法、外部佐证法、外部支撑法。

其他应收款账实差异的核查步骤与清理与应收账款账实差异类似，具体可参照第 8 章相关内容。

存货的流转伴随企业运营全过程，同时存货与营业成本高度相关，审核人员对存货核算规范性的关注不亚于对营业成本匹配的关注。

10.1 审计报告与年度报告关于存货的披露

10.1.1 审计报告中的存货披露

注册会计师在审计报告中对存货进行分类别披露，对原材料、在产品、半成品、库存商品、发出商品等类别的期末余额和期初余额进行列示，如表 10-1 所示，同时对存货跌价准备计提与转回情况进行披露，如表 10-2 所示。

表 10-1　存货披露

项目	期末余额			期初余额		
	账面余额	跌价准备	账面价值	账面余额	跌价准备	账面价值
原材料						
在产品						
半成品						
库存商品						

项目	期末余额			期初余额		
	账面余额	跌价准备	账面价值	账面余额	跌价准备	账面价值
发出商品						
委托加工物资						
包装物						
其他存货						
合　计						

表 10-2　存货跌价准备计提与转回情况

项目	期初金额	本期增加金额		本期减少金额		期末金额
		计提	其他	转回或转销	其他	
原材料						
在产品						
半成品						
库存商品						
发出商品						
委托加工物资						
包装物						
其他存货						
合　计						

10.1.2　年度报告中的存货披露

年度报告中对存货进行总体披露，将存货置于管理层讨论与分析板块的资产及负债情况中，内容包括存货期末金额及占总资产比例、期初金额及占总资产比例、期末与期初变动比例等。

具体内容参见表 7-2。

10.2　存货核算的财务规范

案例：存货造假案例——獐子岛扇贝的四次"跑路"

谈及存货造假，绝对绕不开獐子岛的扇贝。自 2014 年以来，獐子岛的扇贝先后四次离奇"失踪"，一度被投资者视为国内离奇的资本市场闹剧。

獐子岛是大连的一家海产品养殖公司，主营业务是养殖虾夷扇贝和海参。在 2006 年在中小板上市前，其虾夷扇贝底播增殖面积和产量已经处于全国首位，此后养殖海域面积由上市时的 65.63 万亩（1 亩约为 666.67 平方米）上涨至 230 余万亩。

作为海产品养殖企业，獐子岛的第一大资产是存货——主要包括播撒在 230 万亩海底的虾夷扇贝、海参等海珍品，它们在獐子岛资产中的比重约为 30%。若扇贝等存货产量减少，公司资产势必缩水。然而，獐子岛扇贝 6 年离奇"失踪"四次。

2014 年 10 月，獐子岛宣布其价值 10 亿元的扇贝全都跑了，因为扇贝的生长水域北黄海的水温异常冰冷。

2015 年 6 月 1 日晚，獐子岛发布公告称，于 2015 年 5 月 15 日启动春季底播虾夷扇贝抽测活动，抽测涉及 2012 年、2013 年、2014 年底播未收获的海域 160 余万亩，抽测调查结果显示，公司底播虾夷扇贝"尚不存在减值的风险"。这引起大量投资者质疑："难道因冷水团失踪的扇贝又游回来了？"

2018 年 1 月，獐子岛又发布公告称，海洋灾害导致扇贝饿死，公司在年报中披露亏损 7.23 亿元。

2019 年第一季度，獐子岛又说"扇贝跑了"，公司亏了 4 514 万元。

翻看獐子岛财报，公司自 2014 年出现"扇贝跑路"事件之后的业绩，呈现出一年亏损一年盈利的特点，2015—2018 年的归属于母公司所有者的净利润分别为 -2.43 亿元、7 959 万元、-7.23 亿元、3 211 万元。

深交所规定，中小板企业连续两年亏损会被实行退市风险警示，连续 3 年亏损被暂停上市，连续 4 年亏损将被终止上市。

为了查办獐子岛案，证监会借助了北斗卫星导航系统，委托专业机构通过獐子岛采捕船只卫星定位数据，还原了采捕船只的真实航行轨迹，进而复原了公司真实的采捕海域，最终揭示了獐子岛财务造假手段。

獐子岛的采捕船只的卫星定位数据还原的行驶轨迹与獐子岛记录的捕捞区域有明显出入，说明獐子岛并没有如实记录采捕海域。

调查人员还聘请了两家专业的第三方机构分别对卫星定位数据进行作业状态分析，对捕捞轨迹进行还原并计算面积，三方分别还原出来的捕捞航行轨迹高度一致。

调查人员通过对比发现，公司 2016 年实际采捕的海域面积比账面记录多出近 14 万亩，这意味着实际的成本比账面上要多出 6 000 万元，这 6 000 万元成本都被獐子岛隐藏了起来。

獐子岛在部分海域没有捕捞的情况下，在 2016 年底重新进行了底播，根据獐子岛成本核算方式，重新底播的区域的库存资产应做核销处理，涉及库存资产 7 111 万元，需要计入营业外支出，视为亏损。

通过这两种方式，獐子岛在 2016 年实现了所谓的"账面盈利"，保住了上市公司地位。到了 2017 年，獐子岛故技重施，再度宣称扇贝"跑路"和死亡，借此消化掉前一年隐藏的成本和亏损，共计约 1.3 亿元。把 2016 年的成本和损失移转到 2017 年的做法，是典型的操纵财务报表的行为。

证监会认定，獐子岛 2016 年虚增利润 1.3 亿元，占当期披露利润总额的 158%；2017 年虚减利润 2.8 亿元，占当期披露利润总额的 39%。2020 年 6 月 15 日，证监会依法对獐子岛及相关人员涉嫌违反证券法律法规案做出行政处罚和市场禁入决定。

案例点评如下。

獐子岛财务造假性质恶劣，严重破坏了信息披露制度的严肃性，严重破坏了市场诚信基础，依法应予严惩。

一些专业人士认为獐子岛钻了"特殊存货不易监控"的空子。扇贝生长在海底，做存货盘点的时候只能进行抽样检测，无法实地盘存。

然而，獐子岛没想到证监会的决心和毅力如此大，更没有想到高科技在存货盘点中的妙用，最终自食恶果。

案例：广州浪奇存货套路多

根据《中国证券监督管理委员会广东监管局行政处罚决定书》（〔2021〕21 号），广州浪奇在 2018 年至 2019 年共虚增营业收入逾 128 亿元，虚增利润 4.1 亿元，虚增存货超 20 亿元。

2020 年 9 月 27 日，广州浪奇发布公告表示，无法对存储在江苏鸿燊物流有限公司（简称江苏鸿燊）瑞丽仓及江苏辉丰石化有限公司（简称辉丰公司）辉丰仓里的货物开展盘点及抽样检测工作。截至公告披露日，位于瑞丽仓、辉丰仓的货物价值分别为 4.53 亿元、1.19 亿元，账面价值合计为 5.72 亿元。

公告显示，广州浪奇于 2020 年 9 月 16 日收到辉丰公司的《回复函》，辉丰公司表示从未与广州浪奇签订过相关仓储合同，也未存储广州浪奇的货物，因此没有配合盘点的义务；并且从未出具过《2020 年 6 月辉丰盘点表》，也未加盖过公司印章，该盘点表上的印章与辉丰公司印章不一致。

当事人之一的江苏鸿燊实际控制人黄某军向媒体公开表示，江苏鸿燊虽与广州浪奇签订了仓储合同，但并未实际入货，只是帮上市公司"完善数据"。

另一涉事方辉丰公司为上市公司江苏辉丰生物农业股份有限公司的子公司，广州浪奇公告当日，江苏辉丰生物农业股份有限公司也发布公告进行说明，否认子公司签订仓储合同及存储货物，表示盘点表中子公司的印章系伪造，正着手向公安机关报案。

2020 年 10 月 30 日，广州浪奇在回复关注函公告中又称，公司截至目前已掌握证据表明贸易业务存在账实不符的第三方仓库及对应账面存货金额合计为 8.67 亿元。除了瑞丽仓、辉丰仓之外，问题仓库又新增了 4 个，同时对应的风险存货价值已增至 8.67 亿元。

2020 年 12 月 25 日，广州浪奇发布公告称，公司已掌握证据表明，贸易业务存在账实不符的第三方仓库存货金额，以及其他账实不符的已发出商品金额累计约 8.98 亿元，预计会在 2020 年年末将其转入待处理财产损溢，并计提相应减值准备。

3 个月时间里，广州浪奇的存货"黑洞"从 5.72 亿元扩大到了 8.98 亿元，公司还有价值 3.43 亿元的存货仍在核查中，不排除"黑洞"继续扩大的可能。

根据《中国证券监督管理委员会广东监管局行政处罚决定书》，2018 年 1 月 1 日至 2019 年 12 月 31 日，为美化报表，广州浪奇将部分虚增的预付账款调整为虚增的存货。通过上述方式，广州浪奇 2018 年年度报告虚增存货金额为 956 423 831.44 元，占当期披露存货金额的 75.84%、披露总资产的 13.54%、披露净资产的 50.53%；2019 年年度报告虚增存货金额为 1 082 231 342.91 元，占当期披露存货金额的 78.58%、披露总资产的 12.17%、披露净资产的 56.83%。

案例点评如下。

广州浪奇近年净利润虽然为正，但经营现金流净额持续数年为负、存货攀升且应收款项高企，因而多次遭业内人士质疑其财报真实性。

这是非常经典的有利润但是没有实际现金流的案例。一家公司如果长期存在这个现象，极有可能存在财务舞弊问题。

10.2.1　存货会计科目的设置

企业的存货包括下列三种类型的有形资产：在正常经营过程中存储以备出售的存货；为了最终出售正处于生产过程中的存货；为了生产供销售的商品或提供服务以备消耗的存货。

1．总账科目的设置

以制造型企业为例，"原材料""半成品""库存商品""包装物""委托加工物资""存货跌价准备""待处理财产损溢"等总账科目属于必备科目。

实行计划成本核算的企业，还需要设置"材料采购""材料成本差异"等总账科目；客户使用产成品后才确认营业收入的企业，需要通过"发出商品"核算存放在客户处的产成品。

2．明细科目的设置

企业为适应市场发展和客户需求，不断开发出新产品，也不断地采购新材料，存货种类不断增加。为了提高存货管理的质量和效率，必须规范存货名称，对其分类编码，存货实物与编码必须一一对应。

实务中，常常出现一物多码的情况，各个部门难以实时掌握存货库存状态，导致存货周转慢且易造成存货积压。同时存货编码混乱也是 ERP（企业资源计划）软件运行不畅甚至失败的主要因素。

存货实物处于存货会计科目的末级，在总账科目与末级科目之间，企业可根据行业特点、企业规模、管理风格设置明细科目。

10.2.2　存货名称的规范设置

存货的规范运行必须从规范命名开始。存货分类规范、命名规范，才能确保存货运行规范。通俗来说，存货实物和存货名称（或编码）必须一一对应。

1. 存货命名核心原则

要做到存货实物和存货名称一一对应，就要坚持存货命名的核心原则，即便于存货实地收发存管理的原则。例如，企业为确保质量追踪溯源，对于外形、规格、质地相同但供应商不同的零部件，须分开编制物料清单、分别领用、赋予其不同的编码；同样地，如果有些物料外形、质地存在微小差异，但是可以混同存放、领用、盘点，那么就应赋予其同一个编码。

2. 存货命名其他原则

在存货编码过程中，企业还需要关注以下原则。

（1）唯一性原则。一种存货只能有一个编码，一个编码只能对应一种存货。

（2）协同性原则。整个存货进销存过程中，存货与编码必须一对一结伴而行，所有环节中的部门或人员必须规范使用存货编码。

（3）分类性原则。存货编码应分类、分层管理。例如将存货分为原材料、半成品、包装物、产成品等。

（4）终身制原则。即使某存货以后不再使用，其编码也不能重新分配给其他存货。

（5）严谨性原则。所有存货编码工作由专人负责，即存货编码由专人申请、专人审核，以便保证其准确性。

（6）简单性原则。编码必须简单易记，编码长度应该尽量短。

（7）扩展性原则。确定编码规则及编制编码时要有前瞻性，要预留一定的扩展空间。

3. 存货规范名称的转换

同一种存货对应同一个编码，但因为供应商不同，可能采购名称不同、规格型号不同，企业需要在存货进厂时将其转变为规范名称和编码。

（1）采购环节转换。在签署采购协议时，企业应以我方规范名称为准，如果供应商有其特定名称，企业可以进行备注；即使以供应商特定名称签署协议，也必须备注我方规范名称。

（2）入库环节转换。在存货入库时，如发现未以我方规范名称签署协议，也未备注我方规范名称的情况，仓管人员需在存货入库环节转换名称，以公司规范名称填写入库单，同时备注协议中的名称。

10.2.3　存货常见业务的规范

以制造型企业为例，存货常见业务包括"两进两出"，即材料入库、材料领用、成品入库、成品出库。

案例

某公司 2022 年 5 月向甲供应商购进主材 A 材料 20 000 元、辅材 x 材料 8 000 元，向乙供应商购进主材 B 材料 15 000 元、辅材 y 材料 3 000 元，上述材料均已验收入库，增值税专用发票均未到。

材料暂估入库账务处理如下。

借：原材料——主材——A 材料	20 000
原材料——主材——B 材料	15 000
原材料——辅材——x 材料	8 000
原材料——辅材——y 材料	3 000
贷：应付账款——暂估应付——甲供应商	28 000
应付账款——暂估应付——乙供应商	18 000

案例

某公司 2022 年 5 月为生产甲产品领用主材 18 000 元（A 材料 10 000 元，B 材料 8 000 元）、领用辅材 6 000 元（x 材料 5 000 元，y 材料 1 000 元），为生产乙产品领用主材 11 000 元（A 材料 6 000 元，B 材料 5 000 元）、领用辅材 4 000 元（x 材料 3 000 元，y 材料 1 000 元）。其中，材料的领用成本均按当期各材料的加权平均单价计算所得。

为生产领用主辅材账务处理如下。

借：生产成本——直接材料——主材——甲产品	18 000
生产成本——直接材料——辅材——甲产品	6 000
生产成本——直接材料——主材——乙产品	11 000
生产成本——直接材料——辅材——乙产品	4 000
贷：原材料——主材——A 材料	16 000
原材料——主材——B 材料	13 000

原材料——辅材——x材料	8 000
原材料——辅材——y材料	2 000

案例

某公司2022年5月甲产品完工入库30 000元（主材17 000元，辅材5 000元、直接人工5 000元，制造费用3 000元），乙产品完工入库20 000元（主材11 000元，辅材3 000元、直接人工4 000元，制造费用2 000元）。

成品完工入库账务处理如下。

借：库存商品——X系列——甲产品	30 000
库存商品——Y系列——乙产品	20 000
贷：生产成本——直接材料——主材——甲产品	17 000
生产成本——直接材料——辅材——甲产品	5 000
生产成本——直接材料——主材——乙产品	11 000
生产成本——直接材料——辅材——乙产品	3 000
生产成本——直接人工——甲产品	5 000
生产成本——直接人工——乙产品	4 000
生产成本——制造费用——甲产品	3 000
生产成本——制造费用——乙产品	2 000

案例

某公司2022年5月甲产品、乙产品销售出库，分别需结转库存商品成本34 000元和18 000元。其中，产品出库成本均按当期各产品的加权平均成本计算所得。

成品出库结转营业成本账务处理如下。

借：主营业务成本——X系列——甲产品	34 000
主营业务成本——Y系列——乙产品	18 000
贷：库存商品——X系列——甲产品	34 000
库存商品——Y系列——乙产品	18 000

10.2.4　存货原路返回思路的运用

以制造型企业为例，存货反向业务包括"两进两出"的反向或差错更正类业务，下面以存货领用为例予以说明。

案例

接前面案例，某公司 2022 年 5 月为生产甲产品领用主材少计 1 000 元（A 材料 600 元，B 材料 400 元），为生产乙产品领用辅材多计 500 元（x 材料 300 元，y 材料 200 元）。

为生产领用主辅材调整账务处理如下。

借：生产成本——直接材料——主材——甲产品 　　　　　　1 000
　　生产成本——直接材料——辅材——乙产品 　　　　　　−500
　　贷：原材料——主材——A 材料 　　　　　　　　　　　 600
　　　　原材料——主材——B 材料 　　　　　　　　　　　 400
　　　　原材料——辅材——x 材料 　　　　　　　　　　　−300
　　　　原材料——辅材——y 材料 　　　　　　　　　　　−200

10.2.5　存货成本核算的剖析

1．存货成本核算的逻辑

企业经营过程中，存货总是在不断地购入、耗用或销售，在存货流转中，企业不仅要记录存货流转的数量，还需要核算存货流转的金额，这才是完整的存货成本核算。

具体来说，企业需要确定购入材料的数量与金额、耗用材料的数量与金额、入库成品的数量与金额、出库成品的数量与金额。

2．实际成本与计划成本

企业会计准则规定，存货的日常核算可按实际成本进行，也可按计划成本进行。

按实际成本核算时，存货的入库、出库和结余均按其实际成本计价。实际成本法强调的是"实际"，即要求每批存货的收发存核算均采用实际成本。

按计划成本核算时，存货的入库、出库和结余均按预先制定的计划成本计价，同时另设材料（成品）成本差异科目，期末对材料（成品）成本差异进行计算与分摊，将计划成本转换为实际成本。

（1）两者关联性。

不管是按实际成本还是按计划成本核算，最终目的都是清晰地核算出材料（成品）的计量金额。

（2）两者差异性。

按实际成本核算属于直接计算，按计划成本核算属于间接计算。计划成本法的实施较实际成本法繁琐，尤其是需要定期对计划成本单价进行修订，会增加实施工作量。

传统观点认为，实际成本法一般适用于规模较小、存货品种简单、采购业务不多的企业，计划成本法一般适用于规模较大、存货品种繁多、收发频繁的企业。

3. 实际成本核算方法

企业会计准则规定的实际成本核算方法包括先进先出法、月末一次加权平均法、移动加权平均法、个别计价法，如图 10-1 所示。

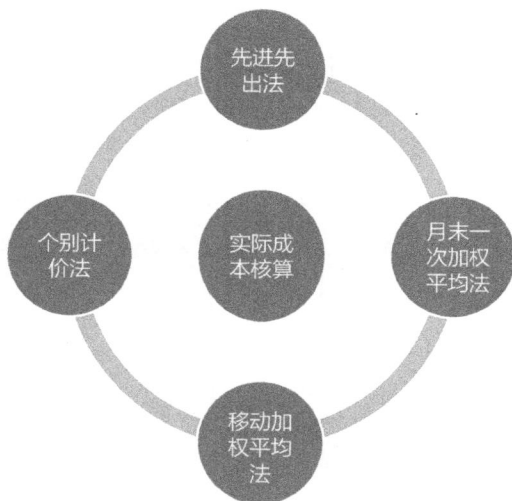

图 10-1　实际成本核算方法

（1）先进先出法。

先进先出法假定在存货核算金额方面，先入库的存货先被耗用（或结转）。

（2）月末一次加权平均法。

月末一次加权平均法假定在存货核算金额方面，本期间（如本月）入库的同类存货按照同一价格被耗用（或结转）。

某存货加权平均单价 =（期初金额 + 本期入库金额）÷（期初数量 + 本期入库数量）

（3）移动加权平均法。

移动加权平均法的计算逻辑与月末一次加权平均法的一致，只是在计算周期上不同。通俗来讲，只要有存货入库，就应该计算其加权平均成本，以便存货耗用（或结转）时的单价运算。

（4）个别计价法。

个别计价法下特定存货的单价是特定的，该特定存货被耗用（或结转）时，按照其最初的特定单价予以核算。

一般而言，通用型存货选用月末一次加权平均法居多，专用型存货选用个别计价法居多，企业可根据实际情况选择合适的核算方法，可针对不同特性的存货选用不同的核算方法。

需要强调的是，不管选取何种会计核算方法，在实地仓储管理中，通用型存货领用适用先进先出法。

10.3　存货账实差异的清理

存货是最具代表性的有物要素，存货账实差异的清理极具示范性，包括存货基准日的全面盘点、存货账实差异的核查、积压存货的清理等环节。

10.3.1　存货基准日的全面盘点

存货盘点即对存货实物进行清点盘查。企业每年至少进行一次全面的存货盘点。财务规范团队在基准日对存货展开全面盘点。

1. 存货基准日盘点的目的

（1）确保存货实物的真实存在。

盘点的首要目的是确保存货实物的真实存在，关注企业拥有所有权的存货实物是否真实存在，这些存货现在哪里，是否全在账内核算。

对于存放在企业之外的存货，财务规范团队要亲自到现场盘查或获取佐证其存在的有力材料。

对于不归企业所有但暂由企业控制的存货，财务规范团队也要进行实地盘查，核查与这些存货相关的合同或协议。

归企业所有但不在账内核算的存货实物也应纳入盘点范畴。

（2）确保存货实物的完整有效。

存货盘点时还要关注存放地点、责任部门、使用（责任）人、存放状态等信息，确保存货实物的完整有效。

2. 存货基准日盘点的步骤

（1）成立存货盘点组织。

存货盘点以财务规范团队为主导，组建由存货仓储部门、存货账务部门（即财务部门）等人员组成的存货盘点领导小组。

根据实际情况，将上述人员划分为不同的盘点小组，明确具体的责任分工，以及问题的协调、上报和处理机制。

（2）落实盘点前的准备工作。

领导小组通过核查账簿、召开会议等多种方式，充分了解存货的品名、规格、型号、存放位置等情况；制订盘点计划是存货盘点前的核心工作，盘点计划包括盘点时点、盘点范围、盘点小组、盘点原则等内容；同时做好盘点人员的合理分组及学习培训工作，以确保盘点人员全面领会盘点计划。各盘点小组的人数至少为两人，不得安排单人盘点。

需要强调的是，全面盘点并非机械地全部盘点，而是根据存货 ABC 管理模式，有针对性地对不同类别的存货进行不同的盘点。

（3）组织存货实地盘点。

为做好全面盘点工作，盘点实施前必须对存货实物进行清理，包括存货区域的规整、存放方式的规范，如果有条件可做好盘点日的存货静态保持工作。

盘点前应准备好分类及明细盘点基础表、已盘点存货粘贴标识等资料，规划好盘点的分组、时间、路线、顺序等，形成存货盘点计划并告知所有参加盘点的人员。

盘点实施是存货盘点的中心任务，为确保盘点实施的顺利进行，尽可能安排足够多的人员参与盘点，压缩盘点时间，一方面可尽快完成现场清点，另一方面可将对生产运营的影响降至最低。

（4）存货盘点的复盘。

实地盘点结束后，各盘点小组尽快完善盘点表并按时上交财务规范团队，财务规范团队收集并整理存货盘点表，编制存货账实盘点差异报告。

为保证盘点质量，财务规范团队要安排对重要的存货抽查复盘，复盘不一定非等初盘结果出来后进行，可与初盘同时进行。一方面确保复盘的数据不因时间变化受到影响，另一方面也督促提高初盘的质量。

10.3.2 存货账实差异的核查

1. 核实基准日的存货实物数量

（1）确认基准日存货实物数量。

存货盘点结果出来后，应立即安排基准日的存货实物数量的比对工作，包括盘点结果与财务账载数量的对比、盘点结果与仓库台账数量的对比。

以实物盘点数量为基准，对两种存货差异进行核查，尽快落实基准日的存货实物盘点数量。

（2）调整基准日存货实物数量。

盘点属于公司但在外保存的存货实物数量，现场盘点重要的外存存货或取得有力的佐证其存在的材料。

不属于公司的临时存放存货的数量要从存货实物盘点数量中剔除。

无法修复的残次品的数量应从存货实物盘点数量中剔除。

2. 确认规范期间的存货出入库信息

比对财务账载信息与仓库台账信息，以及收集与整理原始支撑文件，确认规范期间的存货出入库信息。

3. 确认规范期间的存货进销存信息

将基准日的存货实物数量、规范期间的存货出入库数据录入已建好的规范期间存货进销存模型，倒推出存货的期初数量与期初金额。

根据期初的数量差异与金额差异，对规范期间的存货出入库数据反复比对，进一步确认期初的数量与金额。

反复比对后，无法核实的期初数量与金额差异全部在规范期间之前计入损益。

10.3.3　积压存货的清理

基准日的存货应是良性的、正常的，积压存货无疑是影响基准日存货质量的主要因素。对于积压存货，要开拓思想、大胆处置，确保规范期间的存货质量。

1．积压存货产生的原因

积压存货产生的原因主要包括：预测错误导致多购进材料、客户需求陡降、生产过多不合格产品且无法修复或利用、客户退换货等。

积压存货会导致企业存货虚高，不符合谨慎性原则。

2．大胆处置积压存货

财务规范团队要向企业高层阐述积压存货的利弊，取得企业高层对积压存货处置意义的高度认同，在企业高层的支持下，大胆地清理积压存货。

积压存货要在规范期间之前进行处理，规范期间产生的积压存货则通过利旧、变卖、报废等方式及时处置，确保存货的质量。

10.3.4　反向思维在存货账实差异核查中的运用

反向思维是财务规范过程中核查账实差异的核心思路，其与正向思维恰好相反，其从基准日（即规范期间的期末）存货数量出发，对规范期间的存货出入数量进行账实比对，找出并修正规范期间财务与业务的出入差异，从而推导出规范期期初的账实差异并对之进行修正。下面以案例说明反向思维在存货账实差异核查中的具体运用。

案例

（1）取得财务账载的 A 成品过去六个月的进销存记录，如表 10-3 所示。

表 10-3　A 成品进销存记录（1）

单位：元

品名	期间	期初数量	期初金额	入库数量	入库金额	加权单价	出库数量	出库金额	期末数量	期末金额
A	1	30	300.00	100	1 000.00	10.000 0	98	980.00	32	320.00
A	2	32	320.00	80	830.00	10.267 9	79	811.16	33	338.84
A	3	33	338.84	110	1 090.00	9.991 9	105	1 049.15	38	379.69
A	4	38	379.69	130	1 330.00	10.176 7	120	1 221.21	48	488.48
A	5	48	488.48	60	580.00	9.893 3	75	742.00	33	326.48
A	6	33	326.48	108	1 100.00	10.116 9	90	910.52	51	515.96

（2）基准日 A 成品的实地盘点数量为 27 个，经过核查发现：自提客户已购买未提货的数量 10 个；存放在公司仓库外的数量 3 个；不应纳入盘点的残次品 5 个。综合得出基准日 A 成品实际数量为 15 个（27−10+3−5）。

（3）进行倒运算设置，同时调整部分公式。

期初数量（金额）＝期末数量（金额）＋出库数量（金额）−入库数量（金额）

出库金额＝出库数量×入库金额÷入库数量

期末数量（金额）＝下期期初数量（金额）

其他运算公式暂不变化。输入正确的期末数量 15 个的同时，按照估算输入相应金额（本例输入 150 元）。倒运算设置及期末数据录入后的表格见表 10-4。

表 10-4　A 成品进销存记录（2）

单位：元

品名	期间	期初数量	期初金额	入库数量	入库金额	加权单价	出库数量	出库金额	期末数量	期末金额
A	1	−6	−70.56	100	1 000.00	9.887 7	98	980.00	−4	−50.56
A	2	−4	−50.56	80	830.00	10.255 8	79	819.63	−3	−40.19
A	3	−3	−40.19	110	1 090.00	9.811 3	105	1 040.45	2	9.36
A	4	2	9.36	130	1 330.00	10.146 7	120	1 227.69	12	111.67
A	5	12	111.67	60	580.00	9.606 5	75	725.00	−3	−33.33
A	6	−3	−33.33	108	1 100.00	10.158 8	90	916.67	15	150.00

（4）确认规范期间（六个月）的出入库数量。

财务规范过程中发现规范期间存在以下事项：

①第六个月多登记入库 20 个，金额 180 元；

②第五个月少登记研发领用出库 15 个；

③第四个月重复登记第三个月的入库 30 个，金额 330 元；

④第三个月未办理假退料 20 个；

⑤第二个月少登记入库 30 个，金额 310 元；

⑥第一个月多登记退货（即红字出库）5 个。

将上述事项涉及的出入库信息补充完整，此时 A 成品的数量倒推已完成，数据录入后的结果见表 10-5。

表 10-5 A 成品进销存记录（3）

单位：元

品名	期间	期初数量	期初金额	入库数量	入库金额	加权单价	出库数量	出库金额	期末数量	期末金额
A	1	14	121.91	100	1 000.00	9.841 3	103	1 030.00	11	91.91
A	2	11	91.91	110	1 140.00	10.181 1	79	818.73	42	413.18
A	3	42	413.18	110	1 090.00	9.889 3	85	842.27	67	660.91
A	4	67	660.91	100	1 000.00	9.945 6	120	1 200.00	47	460.91
A	5	47	460.91	60	580.00	9.728 1	90	870.00	17	170.91
A	6	17	170.91	88	920.00	10.389 6	90	940.91	15	150.00

（5）确认规范期间（六个月）的出入库金额。

将进销存所有公式还原，具体公式如下。

期末数量（金额）＝期初数量（金额）＋入库数量（金额）－出库数量（金额）

加权单价＝（期初金额＋入库金额）÷（期初数量＋入库数量）

出库金额＝出库数量×加权单价

期初数量（金额）＝上期期末数量（金额）

公式还原后，将期初金额（即财务账载的第一个月的期初金额）300 元录入，数据录入后的结果见表 10-6。

表 10-6　A 成品进销存记录（4）

单位：元

品名	期间	期初数量	期初金额	入库数量	入库金额	加权单价	出库数量	出库金额	期末数量	期末金额
A	1	14	300.00	100	1 000.00	11.403 5	103	1 174.56	11	125.44
A	2	11	125.44	110	1 140.00	10.458 2	79	826.20	42	439.24
A	3	42	439.24	110	1 090.00	10.060 8	85	855.17	67	674.07
A	4	67	674.07	100	1 000.00	10.024 4	120	1 202.92	47	471.15
A	5	47	471.15	60	580.00	9.823 8	90	884.14	17	167.01
A	6	17	167.01	88	920.00	10.352 5	90	931.72	15	155.29

　　需要强调的是，经过财务规范后的 A 成品的期初单价不太合理，如果差异过大，可对期初 A 成品赋予合理单价，差异的金额在规范期间之前一次性计入营业成本。

　　本例中，假定第一个月的期初单价为 10 元，则第一个月的期初数量和金额分别为 14 个和 140 元，超出的数量（16 个）与金额（160 元）在规范期间之前一次性计入营业成本。实务中若数量与金额的正负方向正好相异，这种情况也属于正常情况，差异一次性计入营业成本即可。修正期初金额后的结果见表 10-7。

表 10-7　A 成品进销存记录（5）

单位：元

品名	期间	期初数量	期初金额	入库数量	入库金额	加权单价	出库数量	出库金额	期末数量	期末金额
A	1	14	140.00	100	1 000.00	10.000 0	103	1 030.00	11	110.00
A	2	11	110.00	110	1 140.00	10.330 6	79	816.12	42	433.88
A	3	42	433.88	110	1 090.00	10.025 5	85	852.17	67	671.71
A	4	67	671.71	100	1 000.00	10.010 2	120	1 201.23	47	470.48
A	5	47	470.48	60	580.00	9.817 6	90	883.58	17	166.90
A	6	17	166.90	88	920.00	10.351 4	90	931.63	15	155.27

　　固定资产在生产过程中可以长期发挥作用，随着企业生产经营的不断推进，固定资产的价值也会逐渐转移到产品成本当中，成为产品价值的重要组成部分。固定资产规范核算对生产成本的核算结果具有一定的影响。

11.1　会计准则与税收法律法规中的固定资产

11.1.1　会计准则中的固定资产

　　《企业会计准则第 4 号——固定资产》第三条规定，固定资产是指同时具有下列特征的有形资产：（一）为生产商品、提供劳务、出租或经营管理而持有的；（二）使用寿命超过一个会计年度。

　　第五条规定，固定资产的各组成部分具有不同使用寿命或者以不同方式为企业提供经济利益，适用不同折旧率或折旧方法的，应当分别将各组成部分确认为单项固定资产。

11.1.2　税收法律法规中的固定资产

　　《企业所得税法实施条例》（2019 年 4 月 23 日修订）第五十七条规定，企业所得税法第十一条所称固定资产，是指企业为生产产品、提供劳务、出租或者经营管理而持有的、使用时间超过 12 个月的非货币性资产，包括房屋、建筑物、机器、机械、运输工具以及其他与生产经营活动有关的设备、器具、工具等。

第六十条规定，除国务院财政、税务主管部门另有规定外，固定资产计算折旧的最低年限如下：（一）房屋、建筑物，为 20 年；（二）飞机、火车、轮船、机器、机械和其他生产设备，为 10 年；（三）与生产经营活动有关的器具、工具、家具等，为 5 年；（四）飞机、火车、轮船以外的运输工具，为 4 年；（五）电子设备，为 3 年。

11.1.3　固定资产金额标准

日常工作中，固定资产金额标准有 2 000 元、5 000 元，甚至还有 100 万元、500 万元。那么，到底有没有固定资产金额标准？如果有，这些标准来自哪里？

回答上述问题前，先看看企业会计准则与《企业所得税法实施条例》关于固定资产定义的对比。固定资产简要判断如表 11-1 所示。

表 11-1　固定资产简要判断

判断标准	企业会计准则	《企业所得税法实施条例》
资产形态	有形资产	非货币性资产
持有目的	生产商品、提供劳务、出租或经营管理	
使用寿命	超过一个会计年度	超过 12 个月
折旧年限	企业自行判断	规定最低年限

由此可见，企业会计准则和《企业所得税法实施条例》对固定资产采取描述法的定义方式，给予企业一定自由选择权，相比于企业会计准则，《企业所得税法实施条例》更关注处理底线。比如，《企业所得税法实施条例》约定各类固定资产的最短折旧年限、特殊折旧政策的采用限制等，防止企业滥用会计政策和会计估计。

企业会计准则和《企业所得税法实施条例》都没有对固定资产金额标准做出统一规定（或指定）。那么，2 000 元、5 000 元、100 万元、500 万元的标准来自哪里呢？

1. 2 000 元标准的来源

《企业会计制度》（财会〔2000〕25 号）第二十五条规定，固定资产，是指企业使用期限超过 1 年的房屋、建筑物、机器、设备、运输工具以及其他与生产、经营有关的设备、器具、工具等。不属于生产经营主要设备的物品，单位价值在 2 000 元以上，并且使用年限超过 2 年的，也应当作为固定资产。

企业会计准则与《企业会计制度》相比，取消了"不属于生产经营主要设备的物品，单位价值在 2 000 元以上，并且使用年限超过 2 年的，也应当作为固定资产"的规定；取消了低值易耗品与固定资产划分标准的有关规定，仅在存货准则中规定了周转材料（含包装物、低值易耗品）的摊销。因此，企业应按重要性原则划分固定资产与周转材料。

2. 5 000 元标准的来源

《财政部 国家税务总局关于完善固定资产加速折旧企业所得税政策的通知》（财税〔2014〕75 号）第三条规定，对所有行业企业持有的单位价值不超过 5 000 元的固定资产，允许一次性计入当期成本费用在计算应纳税所得额时扣除，不再分年度计算折旧。

3. 100 万元标准的来源

《财政部 国家税务总局关于完善固定资产加速折旧企业所得税政策的通知》（财税〔2014〕75 号）第一条规定，对生物药品制造业，专用设备制造业，铁路、船舶、航空航天和其他运输设备制造业，计算机、通信和其他电子设备制造业，仪器仪表制造业，信息传输、软件和信息技术服务业等 6 个行业的企业 2014 年 1 月 1 日后新购进的固定资产，可缩短折旧年限或采取加速折旧的方法。

对上述 6 个行业的小型微利企业 2014 年 1 月 1 日后新购进的研发和生产经营共用的仪器、设备，单位价值不超过 100 万元的，允许一次性计入当期成本费用在计算应纳税所得额时扣除，不再分年度计算折旧；单位价值超过 100 万元的，可缩短折旧年限或采取加速折旧的方法。

第二条规定，对所有行业企业 2014 年 1 月 1 日后新购进的专门用于研发的仪器、设备，单位价值不超过 100 万元的，允许一次性计入当期成本费用在计算应纳税所得额时扣除，不再分年度计算折旧；单位价值超过 100 万元的，可缩短折旧年限或采取加速折旧的方法。

4．500 万元标准的来源

《财政部　国家税务总局关于设备　器具扣除有关企业所得税政策的通知》（财税〔2018〕54 号）第一条规定，企业在 2018 年 1 月 1 日至 2020 年 12 月 31 日（后延期至 2023 年 12 月 31 日）期间新购进的设备、器具，单位价值不超过 500 万元的，允许一次性计入当期成本费用在计算应纳税所得额时扣除，不再分年度计算折旧；单位价值超过 500 万元的，仍按企业所得税法实施条例、《财政部　国家税务总局关于完善固定资产加速折旧企业所得税政策的通知》（财税〔2014〕75 号）、《财政部　国家税务总局关于进一步完善固定资产加速折旧企业所得税政策的通知》（财税〔2015〕106 号）等相关规定执行。

第二条规定，所称设备、器具，是指除房屋、建筑物以外的固定资产。

可以看到，企业会计准则在固定资产的标准上没有关于金额的限制。相关资产是否按照固定资产核算，考虑的主要因素是使用周期和持有目的。

既然企业会计准则未规定固定资产的具体金额标准，企业可根据自身的实际情况自行制定，符合企业自身的经营规模，能较为真实地反映企业的经营即可。比如，如果企业的规模较大，如果将所有使用周期超过一年的设备、器具都按照固定资产核算，无疑会增加核算的难度，也不符合成本效益的原则。在这种情况下，企业可以根据自身的经营规模，在制定固定资产管理制度时，设定一个相对高的金额作为固定资产的核算标准，低于此标准的设备、器具，可直接计入当期损益。

实务中，许多企业为了省事，会直接将《企业会计制度》中提到的 2 000 元作为固定资产核算的标准。

5 000 元、100 万元、500 万元这三个标准都出现在税收法律法规中，属于阶段性的税收优惠政策。

需要明确以下内容。（1）会计处理要遵循会计制度和会计准则的要求，税务处理需要遵循税收法律法规的规定，二者是两回事。（2）会计准则的规定和税收法律法规的规定不一致，即税会差异，税会差异可以通过纳税调整方式来处理。（3）税收优惠政策不一定能反映固定资产的经济利益消耗方式。比如当税收法律法规允许 500 万元以下的设备、器具一次性计入当期损益，如果企业真的把税收法律法规标准作为企业核算标准，就不符合经营实质了，这样会导致会计信息严重失真。（4）税收法律法规允许企业的固定资产加速折旧，是指企业可以选择加速折旧，也可以不选择加速折旧。对于短期无法实现盈利的亏损企业来说，选择加速折旧，会进一步扩大亏损，且由于税收法律法规规定的亏损弥补是有时间限制的，该亏损可能无法得到弥补，实际上减少了税前扣除额，导致将来企业实现盈利的情况下，要多交企业所得税。（5）加速折旧不代表少交企业所得税，不管是先扣除，还是分期扣除，总的折旧金额是不改变的。加速折旧无非是让企业获得了资金的时间价值，让企业在采购固定资产的初期不至于既承担购置设备的资金压力，又要承担交企业所得税的资金压力。（6）加速折旧造成的税会差异是暂时性差异，根据《企业会计准则第 18 号——所得税》规定，所得税应采用资产负债表债务法进行核算，据以确认递延所得税资产或递延所得税负债。

11.1.4 会计准则与税收法律法规关于固定资产的对比分析

1. 会计准则与税收法律法规关于固定资产入账价值的对比

固定资产取得方式一般包括外购、自建、投资者投入、非货币性资产交换、债务重组等方式。

会计准则和税收法律法规关于固定资产各种取得方式的入账价值见表 11-2。

表 11-2　固定资产入账价值

项目	企业会计准则	《企业所得税法实施条例》
基本原则	按取得成本计量	以历史成本为计税依据
借款费用	应计入固定资产成本的借款费用，按照《企业会计准则第 17 号——借款费用》处理	未专项列示
弃置费用	确定固定资产成本时，应当考虑预计弃置费用因素	
外购固定资产	购买价款、相关税费，使固定资产达到预定可使用状态前发生的可归属于该项资产的运输费、装卸费、安装费和专业人员服务费等	以购买价款和支付的相关税费以及直接归属于使该资产达到预定用途发生的其他支出为计税基础
自建固定资产	由建造该项资产达到预定可使用状态前所发生的必要支出构成	以竣工结算前发生的支出为计税基础

续表

项目	企业会计准则	《企业所得税法实施条例》
投资取得的固定资产	按照投资合同或协议约定价值确定，但合同或协议约定价值不公允的除外	以该资产的公允价值和支付的相关税费为计税基础
非货币性资产交换、债务重组、企业合并、融资租赁取得的固定资产	分别按各项具体准则确定	

总体上，企业会计准则和《企业所得税法实施条例》关于固定资产入账价值的确定本质趋同，只存在部分细节性差异。例如，《企业所得税法实施条例》关于自建固资的确认节点为竣工结算，一般晚于会计准则约定的预计可使用状态；《企业所得税法实施条例》未专项列示借款费用、弃置费用，表明并未禁止这两项费用，也是一种认可。

2. 会计准则与税收法律法规关于固定资产折旧政策的对比

固定资产折旧政策（见表 11-3）一般包括使用寿命、预计净残值、折旧方法等内容。

总体来看，企业会计准则和《企业所得税法实施条例》关于固定资产折旧的规定大致相同。企业会计准则趋于理论化、理想化，规定折旧方法一经确定，不得随意变更，同时提出年度复核，即至少每年终了，对固定资产的使用寿命、预计净残值与折旧方法复核，并按照复核后的结果重新调整固定资产的使用寿命、预计净残值与折旧方法。

表 11-3　固定资产折旧政策

项目	企业会计准则	《企业所得税法实施条例》
使用寿命	企业确定固定资产使用寿命，应考虑下列因素： 预计生产能力或实物产量； 预计有形损耗和无形损耗； 法律或者类似规定对资产使用的限制	除国务院财政、税务主管部门另有规定外，固定资产计算折旧的最低年限如下：（一）房屋、建筑物，为20年；（二）飞机、火车、轮船、机器、机械和其他生产设备，为10年；（三）与生产经营活动有关的器具、工具、家具等，为5年；（四）飞机、火车、轮船以外的运输工具，为4年；（五）电子设备，为3年

项目	企业会计准则	《企业所得税法实施条例》
预计净残值	企业应当根据固定资产的性质和使用情况，合理确定固定资产的使用寿命和预计净残值	企业应当根据固定资产的性质和使用情况，合理确定固定资产的预计净残值。固定资产的预计净残值一经确定，不得变更
折旧方法	企业应当根据与固定资产有关的经济利益的预期实现方式，合理选择固定资产折旧方法。可选用的折旧方法包括年限平均法、工作量法、双倍余额递减法和年数总和法等。固定资产的折旧方法一经确定，不得随意变更。但是，符合本准则第十九条规定的除外	固定资产按直线法计算的折旧，准予扣除。企业应自固定资产投入使用月份的次月起计算折旧；停止使用的固定资产，应当自停止使用月份的次月起停止计算折旧。企业所得税法第三十二条所称可以采取缩短折旧年限或者采取加速折旧的方法的固定资产，包括：（一）由于技术进步，产品更新换代较快的固定资产；（二）常年处于强震动、高腐蚀状态的固定资产。采取缩短折旧年限方法的，最低折旧年限不得低于本条例第六十条规定折旧年限的60%；采取加速折旧方法的，可以采取双倍余额递减法或者年数总和法
折旧周期	按月计提折旧	
年度复核	企业至少应当于每年年度终了，对固定资产的使用寿命、预计净残值和折旧方法进行复核。使用寿命预计数与原先估计数有差异的，应当调整固定资产使用寿命。预计净残值预计数与原先估计数有差异的，应当调整预计净残值。与固定资产有关的经济利益预期实现方式有重大改变的，应当改变固定资产折旧方法。固定资产使用寿命、预计净残值和折旧方法的改变应当作为会计估计变更	未提及

企业会计准则关于折旧方法的选择包括普通方法和加速折旧法，《企业所得税法实施条例》认可直线法折旧，同时提出缩短年限或加速折旧的使用要求。

3．会计准则与税收法律法规关于固定资产维修与大修的对比

在固定资产的使用过程中，企业必然面临固定资产的维修与大修，这一过程同样涉及会计入账及所得税缴纳。

（1）《企业会计准则第 4 号——固定资产》第四条规定，固定资产同时满足下列条件的，才能予以确认：（一）与该固定资产有关的经济利益很可能流入企业；（二）该固定资产的成本能够可靠地计量。

第六条规定，与固定资产有关的后续支出，符合本准则第四条规定的确认条件的，应当计入固定资产成本；不符合本准则第四条规定的确认条件的，应当在发生时计入当期损益。

第二十四条规定，企业根据本准则第六条的规定，将发生的固定资产后续支出计入固定资产成本的，应当终止确认被替换部分的账面价值。

（2）《企业所得税法实施条例》（2019 年 4 月 23 日修订）第六十八条规定，企业所得税法第十三条第（一）项和第（二）项所称固定资产的改建支出，是指改变房屋或者建筑物结构、延长使用年限等发生的支出。

企业所得税法第十三条第（一）项规定的支出，按照固定资产预计尚可使用年限分期摊销；第（二）项规定的支出，按照合同约定的剩余租赁期限分期摊销。

改建的固定资产延长使用年限的，除企业所得税法第十三条第（一）项和第（二）项规定外，应当适当延长折旧年限。

第六十九条规定，企业所得税法第十三条第（三）项所称固定资产的大修理支出，是指同时符合下列条件的支出：（一）修理支出达到取得固定资产时的计税基础 50% 以上；（二）修理后固定资产的使用年限延长 2 年以上。

企业所得税法第十三条第（三）项规定的支出，按照固定资产尚可使用年限分期摊销。

总体来看，相比于企业会计准则，《企业所得税法实施条例》关于大修的界定更为明确，对固定资产大修理支出的界定事实上已构成企业会计准则所规定的固定资产改良支出。由于企业会计准则规定对固定资产改良支出必须重新确定使用年限等，因此，其与《企业所得税法实施条例》的处理实质上并无差异。核心要点为：修理支出达计税基础 50% 以上，延长使用寿命 2 年以上。

4. 会计准则与税收法律法规关于固定资产预计弃置义务的对比

《企业会计准则第 4 号——固定资产》第十三条规定，确定固定资产成本时，应当考虑预计弃置费用因素。

企业应按照现值计算确定应计入固定资产成本的预计弃置费用的金额和相应的预计负债。不属于弃置义务的固定资产报废清理费，应当在发生时作为固定资产处置费处理。预计弃置义务在会计处理上构成固定资产成本，同时构成预计负债。由于《企业所得税法实施条例》不允许预计负债在预计当期扣除（只能在实际履行负债义务期间扣除），因此将产生时间性差异。

11.2 审计报告与年度报告关于固定资产的披露

11.2.1 审计报告中的固定资产披露

注册会计师在审计报告中对固定资产进行分项披露和全面披露，包括按固定资产和固定资产清理进行分项披露，以及按照固定资产类别（房屋及建筑物、机器设备、运输工具、电子设备等）和金额变迁（账面原值、累计折旧、减值准备等）进行全面披露。审计报告中的固定资产披露见表 11-4 至表 11-6。

表 11-4 按项目披露的固定资产

项目	期末余额	期初余额
固定资产		
固定资产清理		
合计		

表 11-5　固定资产情况

项目	房屋及建筑物	机器设备	运输工具	电子设备	……	合计
一、账面原值						
1. 期初余额						
2. 本期增加金额						
（1）购置						
（2）在建工程转入						
（3）企业合并增加						
（4）其他						
3. 本期减少金额						
（1）处置或报废						
（2）合并范围变化						
4. 期末余额						
二、累计折旧						
1. 期初余额						
2. 本期增加金额						
计提						
3. 本期减少金额						
处置或报废						
4. 期末余额						
三、减值准备						
1. 期初余额						
2. 本期增加金额						
计提						
3. 本期减少金额						
处置或报废						
4. 期末余额						
四、账面价值						

项目	房屋及建筑物	机器设备	运输工具	电子设备	……	合计
1. 期末账面价值						
2. 上年末账面价值						

表 11-6 暂时闲置的固定资产

项目	账面原值	累计折旧	减值准备	账面价值	备注
房屋及建筑物					
机器设备					
运输工具					
电子设备					
其他					
合计					

11.2.2 年度报告中的固定资产披露

年度报告中对固定资产进行总体披露，将固定资产置于管理层讨论与分析板块的资产及负债情况中，内容包括固定资产期末金额及占总资产比例、期初金额及占总资产比例、期末与期初变动比例等。

具体内容参见表 7-2。

11.3 固定资产核算的财务规范

案例：借款费用资本化：凯迪生态虚增利润

根据《中国证券监督管理委员会行政处罚决定书》（〔2020〕19号），2015年1月1日至2017年12月31日期间，凯迪生态部分借款费用资本化的在建电厂存在停建情形。2015 年、2016 年、2017 年，凯迪生态分别有 75 家、36 家、34 家在建电厂建设发生非正常中断且中断时间连续超过 3 个月。2015 年、2016 年、2017 年凯迪生态上述电厂建设中断期间借款费用资本化金额分别为 150 253 821.08 元、272 808 639.77 元、209 114 154.48 元。

依据《企业会计准则第 17 号——借款费用》第四条、第五条、第十一条的规定及凯迪生态会计政策，符合资本化条件的资产在购建或者生产过程中发生非正常中断，且中断时间连续超过 3 个月的，应当暂停借款费用的资本化。在中断期间发生的借款费用应当确认为费用，计入当期损益，直至资产的购建或者生产活动重新开始。

凯迪生态并未按照《企业会计准则第 17 号——借款费用》的相关规定，暂停上述停建电厂的借款费用资本化的会计处理，导致 2015 年、2016 年、2017 年财务报告存在虚增在建工程、虚减财务费用、虚增利润总额的情形。其中，2015 年度虚增在建工程、虚减财务费用、虚增利润总额 150 253 821.08 元；2016 年度虚增在建工程、虚减财务费用、虚增利润总额 272 808 639.77 元；2017 年度虚增在建工程、虚减财务费用、虚增利润总额 209 114 154.48 元。

案例点评如下。

借款费用资本化一直是上市公司虚增利润的重要手段。上市公司扩大资本化范围及认定标准，造成固定资产虚增、短期业绩虚增，对会计信息的准确性产生很大影响。

11.3.1　固定资产的科目设置

1. 总账科目设置

固定资产核算的常用总账科目包括固定资产、累计折旧、固定资产减值准备、在建工程、工程物资、固定资产清理等科目。

（1）固定资产科目核算企业持有的固定资产原价。

（2）累计折旧、固定资产减值准备科目分别核算固定资产的累计折旧、减值准备。

（3）在建工程科目核算企业基建、更新改造等在建工程发生的支出。

（4）工程物资科目核算企业为在建工程准备的各种物资，包括工程用材料、尚未安装的设备以及为生产准备的工器具等的成本。

（5）固定资产清理科目核算企业因出售、报废、毁损、对外投资、非货币性资产交换、债务重组等原因转出的固定资产价值以及在清理过程中发生的费用。

2. 明细科目设置

固定资产二级科目应包括房屋及建筑物、机器设备、运输设备、研发设备、办公设备、电子设备、其他固定资产等。

相应地，累计折旧、固定资产减值准备科目也应该设为上述二级科目。每一二级科目下设具体的固定资产明细账或卡片账。如果采用财务软件进行账务处理，启用固定资产模块，平时只需要录入固定资产卡片，就可以实现上述明细分类核算，以及进行部门、用途等其他辅助核算。

11.3.2 固定资产的核算范围

一项资产确认为固定资产需要满足两项标准：一是符合固定资产的定义；二是符合确认条件。

1. 固定资产确认的一般标准

（1）与该固定资产有关的经济利益很可能流入企业。

企业在确认固定资产时，需要判断与该项固定资产有关的经济利益是否很可能流入企业。实务中，主要通过判断与该固定资产所有权相关的风险和报酬是否转移到了企业来确定。

通常情况下，是否取得固定资产所有权是判断与固定资产所有权有关的风险和报酬是否转移到企业的一个重要标志。凡是固定资产所有权已属于企业，无论企业是否收到或拥有该固定资产，其均可作为企业的固定资产；反之，如果没有取得固定资产所有权，该固定资产即使存放在企业，也不能作为企业的固定资产。但是所有权是否转移不是判断的唯一标准。在有些情况下，某项固定资产的所有权虽然不属于企业，但是，企业能够控制与该项固定资产有关的经济利益流入企业，在这种情况下，企业应将该固定资产予以确认。例如，融资租赁方式下租入的固定资产，企业（承租人）虽然不拥有该项固定资产的所有权，但企业能够控制与该固定资产有关的经济利益流入企业，与该固定资产所有权相关的风险和报酬实质上已转移到了企业，因此，符合固定资产确认的第一个条件。

（2）该固定资产的成本能够可靠地计量。

成本能够可靠地计量是资产确认的一项基本条件。要确认固定资产，企业取得该固定资产所发生的支出必须能够可靠地计量。企业在确定固定资产成本时，有时需要根据所获得的最新资料，对固定资产的成本进行合理的估计。如果企业能够合理地估计出固定资产的成本，则视同固定资产的成本能够可靠地计量。

2．固定资产确认的特殊规定

固定资产的各组成部分具有不同使用寿命或者以不同方式为企业提供经济利益，适用不同折旧率或折旧方法的，应当分别将各组成部分确认为单项固定资产。

实务中，除了生产经营用的房屋及建筑物、机器设备、办公设施等常见固定资产外，下列各项资产如果满足固定资产确认条件的，也应作为固定资产核算。

（1）企业以经营租赁方式租入的固定资产发生的改良支出，如满足固定资产确认条件的装修费用等。

（2）企业购置计算机硬件所附带的、未单独计价的软件，与购置的固定资产硬件一并作为固定资产。

（3）企业为开发新产品、新技术购置的符合固定资产定义和确认条件的设备。

11.3.3　固定资产的初始计量

1．外购固定资产的初始计量

企业外购固定资产的成本包括购买价款、相关税费，使固定资产达到预定可使用状态前所发生的可归属于该项资产的运输费、装卸费、安装费和专业人员服务费等。需要强调的是，为固定资产使用而发生的员工培训费计入管理费用，可以抵扣的增值税也不构成固定资产的成本。

外购固定资产分为购入不需要安装的固定资产和购入需要安装的固定资产两类。不需要安装的固定资产直接计入固定资产科目。需要安装的固定资产是指经过安装调试之后达到预定可使用状态的固定资产。也就是说，需要安装的固定资产，没有达到可使用状态之前或者完工之前，都属于"固定资产的在建状态"，其成本归集在在建工程科目，在安装调试完成之后转入固定资产科目。

以一笔款项购入多项没有单独标价的固定资产，应当按照各项固定资产的公允价值比例对总成本进行分配，分别确定各项固定资产的成本。

购买固定资产的价款超过正常信用条件延期支付，实际上具有融资性质的，固定资产的成本应以购买价款的现值为基础确定。

2. 自建固定资产的初始计量

自行建造的固定资产，其成本由建造该项资产达到预定可使用状态前所发生的必要支出构成，包括工程用物资、人工成本、相关税费、应予资本化的借款费用以及应分摊的间接费用等。企业为建造固定资产通过出让方式取得土地使用权而支付的土地出让金不计入在建工程成本，应确认为无形资产（土地使用权）。企业自行建造固定资产包括自营建造和出包建造两种方式。

企业以自营方式建造固定资产，是指企业自行组织工程物资采购、自行组织施工人员从事工程施工完成固定资产建造，其成本应当按照实际发生的材料、人工、机械施工费等计量。

企业以出包方式建造固定资产，是指企业将项目发包给建造承包商，由建造承包商组织物资采购、人员施工完成固定资产建造，其成本由建造该项固定资产达到预定可使用状态前所发生的必要支出构成，包括发生的建筑工程支出、安装工程支出以及需分摊计入的费用支出。

3. 投资者投入固定资产的初始计量

投资者投入的固定资产，应按投资合同或协议约定价值确定成本，但合同或协议约定价值不公允的，应按固定资产的公允价值确定。

4. 其他方式取得固定资产的初始计量

取得固定资产的其他方式包括接受捐赠、企业合并、非货币性资产交换、债务重组、融资租赁等方式，其初始计量可参照企业会计准则相关内容。

11.3.4　固定资产的后续计量

固定资产的后续计量包括：固定资产折旧计提、固定资产后续支出处理和固定资产期末调整。

1. 固定资产折旧计提的范围

企业应对除下列各项外的所有固定资产计提折旧：已提足折旧仍继续使用的固定资产；按照规定单独计价作为固定资产入账的土地；处于更新改造过程中的固定资产；未提足折旧但提前报废的固定资产；已全额计提减值准备的固定资产。

需要强调的是，未使用的机器设备、仪器仪表、运输工具、工具器具，以及季节性停用的固定资产也要计提折旧。

2. 固定资产折旧计提额计算

固定资产折旧计提额是指应当计提折旧的固定资产的原价扣除其预计净残值后的金额，已计提减值准备的固定资产，还应当扣除已计提的固定资产减值准备累计金额。应计折旧额的计算公式如下。

应计折旧额 = 固定资产原值 − 预计净残值 − 固定资产减值准备

实务中，往往最后确定预计净残值。

案例

某公司购入笔记本电脑一台，含税金额 6 800 元，不含税金额 6 017.70 元。按年限平均法分五年计提折旧，预计净残值率 5%。计算预计净残值额。

方法一。

预计净残值额 = 6 017.70 × 5% = 300.885 ≈ 300.89（元）

方法二。

应计折旧额 = 6 017.70 × 95% = 5 716.815 ≈ 5 716.82（元）

月折旧额 = 5 716.82 ÷ 60 = 95.280 333 3 ≈ 95.28（元）

累计折旧 = 95.28 × 60 = 5 716.80（元）

预计净残值额 = 6 017.70 − 5 716.80 = 300.90（元）

方法一与方法二计算所得的预计净残值额相差 0.01 元，孰对孰错呢？都没有错。

企业应当根据固定资产的性质和使用情况，合理确定固定资产的使用寿命和预计净残值。固定资产的使用寿命和预计净残值一经确定，不得随意变更。

企业确定固定资产的使用寿命时应当考虑：预计生产能力或实物产量；预计有形损耗和无形损耗；法律法规对资产使用的限制。

值得注意的是，当影响应计折旧额的各项因素有一项发生了变化时，应当重新计算应计折旧额及以后各期的折旧金额，原先已计提的折旧不再调整。

3．固定资产折旧计提的规定

企业一般按月计提折旧。当月增加的固定资产，当月不计提折旧，从下月起计提折旧；当月减少的固定资产，当月仍计提折旧，从下月起停止计提折旧。

固定资产提足折旧后，不管能否继续使用，均不再提取折旧；提前报废的固定资产，也不再补提折旧。

已达到预定可使用状态，但尚未办理竣工决算的固定资产，应当按照估计价值确认为固定资产，并计提折旧，待办理竣工决算手续后，再按实际成本调整原来的暂估价值，但不需要调整原已计提的折旧额。

4．固定资产折旧计提的方法

企业应当根据与固定资产有关的经济利益的预期实现方式，合理选择固定资产折旧方法。可选用的折旧方法包括年限平均法、工作量法、双倍余额递减法和年数总和法等。固定资产的折旧方法一经确定，不得随意变更。

（1）年限平均法。

年限平均法又称为直线法，是将固定资产的折旧均衡地分摊到各期间的方法。计算公式如下。

年折旧率 =（1- 预计净残值率）÷ 预计使用年限

（2）工作量法。

工作量法是根据实际工作量计提折旧额的一种方法。计算公式如下。

每一工作量折旧额 =（固定资产原值 - 预计净残值）÷ 规定的总工作量 ×100%

某项固定资产月折旧额 = 该项固定资产当月工作量 × 每一工作量折旧额

（3）双倍余额递减法。

双倍余额递减法是在不考虑固定资产残值情况下，根据每一期期初固定资产账面净值和双倍直线法折旧率计算固定资产折旧的方法。计算公式如下。

年折旧率 = 2 ÷ 预计的折旧年限 ×100%

月折旧率 = 年折旧率 ÷12

月折旧额 = 年初固定资产折余价值 × 月折旧率

这种方法没有考虑固定资产的残值收入，因此不能使固定资产的账面折余价值降低到它的预计残值收入以下，应当在固定资产折旧年限到期以前的最后两年或者当采用直线法的折旧额大于或等于双倍余额递减法的折旧额时，将固定资产账面净值扣除预计净残值后的余额平均摊销。

（4）年数总和法。

年数总和法也称为合计年限法，是将固定资产的原值减去预计净残值后的净额和一个逐年递减的分数计算每年的折旧额的方法，这个分数的分子代表固定资产尚可使用的年数，分母代表使用年数的逐年数字总和。计算公式如下。

年折旧率 = 尚可使用年数 ÷ 预计使用年数总和

月折旧率 = 年折旧率 ÷12

月折旧额 = （固定资产原值 – 预计净残值） × 月折旧率

在实务中，各类固定资产折旧方法的使用情况各不相同，常见的年限平均法、双倍余额递减法、年数总和法对比，如表 11-7 所示。

表 11-7　固定资产折旧方法比较

单位：元

原值	100 000.00	折旧年限	5	净残值率	5%
年份	第一年	第二年	第三年	第四年	第五年
年限平均法	19 000.00	19 000.00	19 000.00	19 000.00	19 000.00
双倍余额递减法	40 000.00	24 000.00	14 400.00	8 300.00	8 300.00
年数总和法	31 666.67	25 333.33	19 000.00	12 666.67	6 333.33

5.　固定资产后续支出的处理

固定资产后续支出是指固定资产在使用过程中发生的更新改造支出、修理费用等。

（1）固定资产后续支出的处理原则。与固定资产有关的更新改造等后续支出，符合固定资产确认条件的，应当计入固定资产成本；不符合确认条件的，应对在发生时计入当期损益。

（2）可计入固定资产成本的后续支出。固定资产更新改造支出、房屋装修费用若符合固定资产确认条件，应当计入固定资产成本，同时将被替换部分的账面价值扣除。

（3）不得计入固定资产成本的后续支出。与固定资产有关的日常修理费用等后续支出，不符合固定资产确认条件的，应当根据不同情况分别在发生时计入当期管理费用或销售费用等，不得采取预提或待摊方式处理。

（4）经营租入固定资产改良支出的处理。企业以经营租赁方式租入的固定资产发生的改良支出，应予资本化，作为长期待摊费用合理进行分摊。

6. 会计期末固定资产的调整

企业至少应当于每年年度终了，对固定资产的使用寿命、预计净残值和折旧方法进行复核。使用寿命预计数与原先估计数有差异的，应当调整固定资产使用寿命。预计净残值预计数与原先估计数有差异的，应当调整预计净残值。与固定资产有关的经济利益预期实现方式有重大改变的，应当改变固定资产折旧方法。固定资产使用寿命、预计净残值和折旧方法的改变应当作为会计估计变更。

企业的固定资产减值准备在以后期间不得转回，企业计提固定资产减值准备后，须重新计算固定资产的应计折旧额，按原先的折旧方法在剩余折旧年限进行摊销。

11.3.5 固定资产的终止确认

1. 固定资产终止确认的条件

固定资产满足下列条件之一的，应当予以终止确认：该固定资产处于处置状态；该固定资产预期通过使用或处置不能产生经济利益。

2. 持有待售固定资产的核算

（1）确认持有待售固定资产的条件（企业自定）：确认时点为中期、年末的资产负债表日；已经签署实质性的出售合同；在资产负债表日前预计无法处置（出售）完成。

（2）持有待售固定资产的处理方式。

①调整预计净残值。企业对持有待售的固定资产，应当调整该项固定资产的预计净残值，使该项固定资产的预计净残值等于其目前公允价值减去处置费用后的余额，但不得超过该项固定资产的账面价值。

②确认减值损失。账面价值高于预计净残值的差额，应作为资产减值损失计入当期损益。

③停止折旧与减值。持有待售的固定资产从划归持有待售之日起停止计提折旧和减值测试。

3. 固定资产出售转让及报废毁损

企业出售、转让、报废固定资产或发生固定资产毁损，应当将处置收入扣除账面价值和相关税费后的金额计入当期损益（营业外收入、营业外支出）或资产处置损益，固定资产的账面价值是固定资产成本扣减累计折旧和累计减值准备后的金额。

11.4　固定资产账实差异的清理

固定资产是有物要素，固定资产账实差异的清理也极具示范性，包括固定资产基准日的全面盘点、固定资产账实差异的核查、固定资产账实差异的处置等环节。

11.4.1　固定资产基准日的全面盘点

固定资产盘点是对固定资产实物及其账务处理进行的清点盘查，企业每年至少进行一次全面的固定资产盘点。

财务规范团队在基准日对固定资产展开全面盘点，一方面对固定资产实物的存在及状况进行盘点落实，另一方面对固定资产购建、使用、折旧、实有数、调拨、报废、清理进行一次大规模核对审查。

1. 固定资产基准日盘点的目的

（1）确保固定资产实物的真实存在。

盘点的首要目的是确保固定资产实物的真实存在，包括：查看企业拥有所有权的固定资产的实物是否真实存在；确认这些固定资产现在哪里，是否全在账内核算；了解企业是自用还是对外出租固定资产。

对于存放在企业之外的固定资产，如经营出租、存放外地、外单位的重要固定资产，财务规范团队要亲自到现场盘查其存在性。

对于不属于企业所有但由企业控制或使用的固定资产，财务规范团队也要进行实地盘查，核查与这些固定资产相关的合同或协议。

企业所有但不在账内核算的固定资产实物也应纳入盘点范畴。

（2）确保固定资产实物的完整有效。

固定资产盘点时还要关注存放地点、责任部门、使用（责任）人、使用状态等信息，确保固定资产实物的完整有效。

（3）核查固定资产账实核算是否合理。

要核查固定资产账实核算是否合理，就要核查固定资产的分类是否合理；固定资产入账计价是否合法合规；固定资产折旧政策是否符合会计准则的规定，并且前后年度是否保持一致；固定资产折旧计提是否恰当；固定资产增减变动是否经过有效审批；固定资产交易或事项的会计处理是否恰当；固定资产的期末余额是否正确等。

（4）核查固定资产的其他事项。

固定资产盘点时还应查明未使用和不需用固定资产、经营租入和融资租入固定资产、提折旧与不提折旧固定资产等其他事项。

2. 固定资产基准日盘点的步骤

（1）成立固定资产盘点组织。

固定资产盘点以财务规范团队为主导，组建由资产管理部门、资产使用部门、资产账务部门（即财务部门）等人员组成的固定资产盘点领导小组。

根据实际情况，将上述人员划分为不同的盘点小组，明确具体的责任分工，以及问题的协调、上报和处理机制。

（2）落实盘点前的准备工作。

领导小组通过核查账簿、召开会议等多种方式，充分了解固定资产的购建、分布、占用及使用、产权及其变动、抵押及担保等情况；要求各资产使用部门自行整理其所属固定资产实物状况表，同时结合资产管理部门的资产台账、财务部门的资产账务清单等信息，编制固定资产盘点清单；召开盘点前会议，对固定资产清单进行讨论分析，确认固定资产清单。

（3）制订固定资产清查计划。

固定资产清查小组负责制订清查计划，包括账务清理、实地盘点、产权和抵押资料的收集及认定等内容，以及这些内容的实施时间、实施人、实施程序和方法、分阶段工作报告的撰写及完成时间等。

（4）组织固定资产实地盘点。

实地盘点核实是资产清查的重要内容，盘点前应准备好分类及明细盘点基础表、固定资产卡片、已盘点资产粘贴标识等资料，规划好盘点的分组、时间、路线、顺序等，形成固定资产盘点计划并告知所有参加盘点的人员。

（5）归集固定资产盘点资料。

实地盘点结束后，各盘点小组尽快完善盘点表并按时上交财务规范团队，财务规范团队收集并整理固定资产盘点表，编制固定资产账实盘点差异报告，并对重要的、复杂的固定资产组织随机复盘。

11.4.2　固定资产账实差异的核查

固定资产账实差异的核查是对固定资产的规模化摸底行动，主要目的是确定在基准日固定资产实物的存在性及使用状态。这虽然属于固定资产账实差异清理的基础阶段，但属于关键阶段，由此才能展开固定资产账实差异清理的精细化工作。

1．该算的是否都已算了

对固定资产盘点进行深入核查，目的是进一步确保公司固定资产的完整性。也就是说，该算的是否都算了。

2．该算的算得对不对

对公司账务系统中固定资产的入账价值、折旧计提、清理处置等计算过程进行核对，核查各项固定资产的确认、计量、处置是否正确。

（1）固定资产入账价值计量是否正确，有没有遗漏或多计量。

（2）固定资产分类归属是否正确，有没有归错类别、归错部门、归错费用。

（3）固定资产折旧政策是否适当，有没有同类固定资产适用不同政策、年限选择不对、方法选择错误的情形。

（4）固定资产移转处置是否合规，有没有实物已划转但账务未划转、无手续部门间划转、清理处置的手续不完备等情况。

（5）固定资产其他计算错漏问题。

11.4.3　固定资产账实差异的处置

1．确认基准日固定资产实物

（1）确认基准日固定资产实物数据。

固定资产盘点结果出来后，应立即安排基准日的固定资产实物数量的比对工作，包括盘点结果与财务账载的对比、盘点结果与资产管理部门台账的对比、盘点结果与资产使用部门台账的对比。

以固定资产实物盘点为基准，对三种差异进行核查，尽快确认基准日的固定资产实物盘点数据。

（2）调整基准日固定资产实物数据。

属于公司但在外存放的固定资产要纳入固定资产实物盘点的范围，财务规范团队必须现场盘点重要的外存固定资产或取得佐证固定资产存在的有力材料。

不属于公司但临时存放的固定资产要从固定资产实物盘点中剔除。

2．核查存续期间的固定资产会计核算

（1）固定资产的规范范围。

固定资产属于长期性资产，不同于存货等消耗性资产，所以固定资产的规范不局限于规范期间，要从固定资产的取得之时开始规范。

某项固定资产在基准日前已经被处置，但是因为其存续期间涉及规范期间，其也必须纳入固定资产会计核算的规范范围。

简而言之，只要一项固定资产的入账、使用、处置涉及规范期间，其都应纳入规范范围。

假定规范期间为 2020 年 1 月 1 日至 2022 年 4 月 30 日，下列各项固定资产是否归属规范范围？

甲资产，2010 年 1 月入账，2014 年 12 月报废处置。不归属。

乙资产，2016 年 2 月入账，2021 年 1 月报废处置。归属。

丙资产，2020 年 2 月入账，正常使用中。归属。

（2）规范固定资产的核算。

按照设定好的固定资产核算政策，对规范范围内的固定资产进行账务规范，包括资产分类、折旧年限、折旧方法、净残值率等核算细节。

短期借款是指企业为维持正常的生产经营而向银行或其他金融机构等外单位借入的、还款期限在一年以下的各种借款。

12.1 审计报告与年度报告关于短期借款的披露

12.1.1 审计报告中的短期借款披露

注册会计师在审计报告中对短期借款进行分类披露，对各类短期借款的期末余额和期初余额进行列示，如表 12-1 所示，同时对重要的短期借款做详细的文字说明。

表 12-1 按类别披露的短期借款

项目	期末余额	期初余额
质押借款		
抵押借款		
保证借款		
信用借款		
质押借款＋保证借款		

项目	期末余额	期初余额
抵押借款＋保证借款		
抵押借款＋质押借款		
抵押借款＋质押借款＋保证借款		
其他		
合计		

12.1.2　年度报告中的短期借款披露

年度报告中对短期借款进行总体披露，将短期借款置于管理层讨论与分析板块的资产及负债情况中，内容包括短期借款期末金额及占总资产比例、期初金额及占总资产比例、期末与期初变动比例等，同时在应付利息表中披露短期借款利息计提及支付情况。

12.2　短期借款核算的财务规范

短期借款应按债权人设置明细账，并按借款种类进行明细核算。借入的期限在一年以上的各种借款，在"长期借款"科目核算，不在"短期借款"科目核算；而在一年以下的各种借款，则在"短期借款"科目进行核算。

12.2.1　短期借款会计科目的设置

为了核算企业的短期借款，设置"短期借款"总账科目。

该科目发生笔数不多，但容易反复被核查，财务人员遇到核查时经常翻查贷款合同或会计凭证，所以建议设置二级明细科目时列清楚详细信息，包括：贷款银行、贷款性质、年利率、付息方式、放贷日期等信息。

示例：中行 ×× 支行 1 000 万元一年期流贷 3.6% 季付 210930。

表示：中国银行 ×× 支行发放的一年期流动资金贷款 1 000 万元，年利率 3.6%，季度付息，放贷日期为 2021 年 9 月 30 日。

12.2.2　短期借款常见业务的规范

短期借款的常见业务包括：短期借款的取得、借款利息的核算、短期借款的偿还，其中，借款利息的核算包括计提与支付两项。

1．短期借款的取得

企业从银行或其他金融机构借入款项时，应签订借款合同，注明借款金额、借款利率和还款时间等。取得短期借款时，应借记"银行存款"科目，贷记"短期借款"科目。

2．借款利息的核算

企业取得短期借款而发生的利息费用，一般应作为财务费用处理，计入当期损益。银行或其他金融机构一般在季末收取借款利息，因此，企业在月末需要预提短期借款的利息。

3．短期借款的偿还

企业在短期借款到期偿还借款本金时，应借记"短期借款"科目，贷记"银行存款"科目。

案例

公司于 2021 年 1 月 1 日向银行借入短期借款 1 000 万元，期限一年，年利率 3.6%，利息在季末支付，借款本金到期后一次归还。

账务处理如下。

（1）短期借款的取得。

2021 年 1 月 1 日借入款项。

借：银行存款　　　　　　　　　　　　　　　　　10 000 000

　　贷：短期借款　　　　　　　　　　　　　　　　10 000 000

（2）借款利息的核算。

①1 月末预提当月利息。

预提利息 =10 000 000×3.6%÷12=30 000（元）

借：财务费用　　　　　　　　　　　　　　　　　　　　30 000

　　贷：应付利息　　　　　　　　　　　　　　　　　　30 000

②2 月末预提当月利息的会计处理同上。

③3 月末支付第一季度利息。

借：财务费用　　　　　　　　　　　　　　　　　　　　30 000

　　应付利息　　　　　　　　　　　　　　　　　　　　60 000

　　贷：银行存款　　　　　　　　　　　　　　　　　　90 000

下一个季度的账务处理与上一个季度相同。

（3）短期借款的偿还。

2022 年 1 月 1 日借款到期归还本金。

借：短期借款　　　　　　　　　　　　　　　　　　10 000 000

　　贷：银行存款　　　　　　　　　　　　　　　　10 000 000

12.2.3　短期借款实务案例的展示

上述案例属于理论化案例，实务中的短期借款放贷日不一定在月初，付息日也不一定在季度末。实务中的利息计算复杂得多。

实务中，企业一般按季定期支付短期借款的利息。借款利息由借款本金、借款利率和借款时间三个因素决定。目前银行通行的计算方法是将借款本金与借款占用天数结合计算计息积数，再与利率相乘计算出利息。

具体方法是：确定期末（月末、季末、年末）月份某日（通常为 21 日）为固定结息日，自起息日或上一结息日至本结息日前一日止为一计息期，将计息期内累计的公历日数，乘以计息期期间企业占用借款本金，便得出计息积数；计息积数除以年平均日数 360 天，再乘以年利率，即得出该计息期的借款利息。

案例

某公司 2021 年 4 月 20 日取得短期借款 1 000 万元，年利率 3.9%，季度末 20 日结息，21 日付息。银行出具的还款计划如表 12-2 所示。

表 12-2　银行出具的还款计划

单位：元

应还款日	计息天数	每期应还款	本金	利息	贷款余额
2021-6-21	62	67 166.67		67 166.67	10 000 000.00
2021-9-21	92	99 666.67		99 666.67	10 000 000.00
2021-12-21	91	98 583.33		98 583.33	10 000 000.00
2022-3-21	90	97 500.00		97 500.00	10 000 000.00
2022-4-19	29	10 031 416.67	10 000 000.00	31 416.67	

以下为 2021 年 6 月 21 日的还款金额 67 166.67 元的计算过程。

（1）计息天数计算。

从 4 月 20 日至 5 月 19 日，为 30 天。

从 5 月 20 日至 6 月 19 日，为 31 天。

从 6 月 20 日至 6 月 20 日，为 1 天。

所以，第一期的计息天数为 62 天。

（2）本期利息计算。

本期利息 =10 000 000×3.9%×62÷360=67 166.67（元）

注意：本例中的全年计息天数为 364 天，然而利息计算中的分母却为 360。

按照《企业会计准则第 22 号——金融工具确认和计量》的规定，短期借款属于以摊余成本计量的金融负债，按照实际利率法确认。

已到期未支付的应付利息记入"应付利息"科目，未到期的应付利息作为摊余成本记入"短期借款"科目。

例如，企业在 2021 年 12 月 31 日对 2021 年 12 月 21 日至 12 月 31 日的贷款利息 11 916.67 元进行了计提，因未到下一次还款日即 2022 年 3 月 21 日，该利息金额应作为摊余成本记入"短期借款"科目。

12.2.4　短期借款账实差异的清理

短期借款属于深痕要素。正常情况下，银行系统会自动按期扣缴企业应归还的贷款利息及本金。所以短期借款业务处理中，银行系统一般不会出现问题，如果存在账实差异，极有可能是企业方的记账错漏造成的。

　　财务规范团队应全面核查有关短期借款的账簿记录、借款凭证及相关文件，结合银行对账单、银行回单与短期借款明细账逐笔核实。

第 13 章
应付账款的规范核算

相比应收账款，企业对应付账款的规范管理则较为轻视。然而，应付账款因为存在暂估应付和到票应付两大二级体系，其规范核算比同为浅痕要素的应收账款复杂，应付账款的财务规范及账实核查工作更为艰巨。

13.1 审计报告与年度报告关于应付账款的披露

13.1.1 审计报告中的应付账款披露

注册会计师在审计报告中对应付账款进行分类披露和重点披露，包括按类别披露（见表 13-1）、按账龄超期情况披露（见表 13-2）。

表 13-1 按类别披露的应付账款

项目	期末余额	期初余额
货款		
工程款		
……		
合计		

表 13-2　账龄超 1 年的重要应付账款

单位	期末余额	未偿还或结转的原因
甲公司		
乙公司		
丙公司		
丁公司		
……		
合计		

13.1.2　年度报告中的应付账款披露

年度报告中对应付账款进行总体披露，将应付账款置于管理层讨论与分析板块的资产及负债情况中，内容包括应付账款期末金额及占总资产比例、期初金额及占总资产比例、期末与期初变动比例等。

具体内容参见表 7-2。

13.2　应付账款核算的财务规范

应付账款是采购与付款业务的主要会计核算科目，核算类型包括暂估应付和到票应付两部分。

13.2.1　应付账款会计科目的设置

应付账款科目核算企业因购买材料、商品和接受劳务供应等而应付给供应单位的款项。材料类应付是应付账款科目核算的主要内容。除此之外，有些企业会把设备类、工程类等固定资产投资建设类应付归入应付账款科目核算。

需要强调的是，除上述以外的其他往来款项不得进入应付账款科目核算，以免影响应付账款的纯洁性。

"应付账款"属于一级科目，供应商属于应付账款的末级科目，因为到货与到票的时间差异，应付账款二级科目分为"暂估应付"和"到票应付"。

供应商属于应付账款科目的末级明细，必须规范填写。公司制供应商名称须按照供应商营业执照的规范名称记录；自然人供应商名称按其身份证全名记录，为杜绝自然人供应商的重名影响，自然人供应商前可增加其所在省、市、区的规范名称。科目设置示例如下。

应付账款——暂估应付——××科技有限公司

应付账款——到票应付——××科技有限公司

应付账款——暂估应付——××省××市××区张三

应付账款——到票应付——××省××市××区张三

13.2.2　应付账款常见业务的规范

1. 采购与付款的业务流

采购与付款循环中的业务流包括物料流、发票流、资金流。物料流和发票流的到达时间包括：材料与发票同时到达、材料先到发票后到、发票先到材料后到三种类型。

（1）材料与发票同时到达。

这种类型指材料入库的当期（一般指当月），发票也同时到达公司且被认证。需要特别强调，发票被认证月份才能视为发票的真实达到月份。这种情况属于理想状态，现实中较少出现。

（2）材料先到发票后到。

这种类型指材料已办理完入库手续，发票在材料到达的后期才到达且被认证。这种情况属于常见的状态，现实中多为此类情形。

（3）发票先到材料后到。

这种类型指发票已到达且被认证，材料在发票到达的后期才到达甚至迟迟未到。这种情况极为罕见，常常代表采购异常。

2. 应付账款的主要业务

以常见的材料先到发票后到类型为例，应付账款的主要业务包括期末暂估入库、期初冲暂估入库、票到且被认证、支付应付账款等。

（1）期末暂估入库。

购入材料已验收入库，但尚未收到发票或发票未被认证。根据有关凭证（合同或协议、供应商出库单、公司检验单、公司入库单等）在期末对购入材料暂估入库。借记"原材料"科目，贷记"应付账款——暂估应付"科目。

（2）期初冲暂估入库。

期初立即冲销上期末的暂估入库处理，如本期末仍未收到发票或发票未被认证，在本期末继续做暂估入库处理，本期末的次月初再次冲销本期末的暂估入库处理。如此往复，直到收到发票且发票被认证。

（3）票到且被认证。

公司收到供应商发票并认证发票后，办理材料正式入库手续。

（4）支付应付账款。

向供应商支付应付货款（或预付货款），借记"应付账款——到票应付"科目，贷记"库存现金""银行存款""应收票据""应付票据"等科目。

需要强调的是，不管增值税专用发票是否收到或被认证，支付货款（含预付货款）时均借记"应付账款——到票应付"科目。

3. 应付账款的传统账务处理

案例

某公司 2022 年 1 月向甲供应商购入 10 000 元 A 材料，材料当月到货并办理入库；2022 年 1 月向甲供应商支付 60% 货款计 6 780 元，2022 年 3 月收到甲供应商开具的增值税专用发票并认证。2022 年 4 月向甲供应商支付剩余的 40% 货款计 4 520 元。

账务处理如下。

（1）1 月支付 60% 货款。

借：应付账款——到票应付——甲供应商　　　　　　　　　　　6 780

　　　贷：银行存款　　　　　　　　　　　　　　　　　　　　　　6 780

（2）1 月底暂估入库。

借：原材料——A 材料　　　　　　　　　　　　　　　　　　　10 000

　　　贷：应付账款——暂估应付——甲供应商　　　　　　　　　　10 000

（3）2 月初冲销暂估入库。

借：原材料——A 材料　　　　　　　　　　　　　　　　　　　−10 000

    贷：应付账款——暂估应付——甲供应商   −10 000

（4）2月末再次暂估入库。

  借：原材料——A 材料   10 000

    贷：应付账款——暂估应付——甲供应商   10 000

（5）3月初冲销暂估入库。

  借：原材料——A 材料   −10 000

    贷：应付账款——暂估应付——甲供应商   −10 000

（6）3月到票认证入库。

  借：原材料——A 材料   10 000

      应交税费——应交增值税（进项税额）   1 300

    贷：应付账款——到票应付——甲供应商   11 300

（7）4月支付 40% 货款。

  借：应付账款——到票应付——甲供应商   4 520

    贷：银行存款   4 520

财务处理见表 13-3、表 13-4。

表 13-3　应付账款——暂估应付

摘要	借方金额	贷方金额
1 月末暂估		10 000.00
2 月初冲暂估		−10 000.00
2 月末暂估		10 000.00
3 月初冲暂估		−10 000.00
合计	0.00	0.00

表 13-4　应付账款——到票应付

摘要	借方金额	贷方金额
1 月付 60% 货款	6 780.00	
3 月到票认证		11 300.00
4 月付 40% 货款	4 520.00	
合计	11 300.00	11 300.00

4．应付账款二级科目剖析

（1）暂估应付。

暂估应付主要核算材料暂估入库和材料到票冲暂估业务。由上述案例可知，暂估应付的期末贷方余额表示该供应商在期末时点欠企业的增值税专用发票金额（不含税）。

需要强调的是，暂估应付的期末余额不可能出现在借方。

（2）到票应付。

到票应付主要核算材料到票认证入库和货款支付业务。

到票应付的期末贷方余额表示企业在期末时点欠该供应商的到票应付款项，到票应付的期末借方余额表示企业在期末时点向该供应商预付的采购款项。

需要强调的是，暂估应付和到票应付都不能反映企业和供应商之间的应付账款的全貌，两者结合起来，才能反映企业与供应商之间的应付账款全貌。

在考虑未收票或未被认证进项税额的基础上，企业的实质应付金额计算公式如下（假定购进货物的税率为 13%）。

实质应付金额 = 暂估应付贷方余额 × （1+13%）+ 到票应付贷方余额

13.2.3　应付账款常见业务解析

1．发票未到未认证为什么要暂估入库

在发票未到且未认证的情况下，企业对已到的材料暂时估价入库，主要原因如下。

（1）增值税专用发票虽然未到，但实物已入库，必须对实物入库做出账务处理，对应在往来科目中做出账务处理。

（2）实物已经入库，甚至已被领用（耗用），如果不暂时估价入库，可能导致出现负数库存。

（3）如果不暂时估价入库，存货出库成本会被严重低估，导致生产成本核算和营业成本结转的偏差。

（4）虽然是暂估价格，但逻辑上价格已通过合同或协议确认。

2. 为什么不能暂估进项税额

《财政部关于印发〈增值税会计处理规定〉的通知》（财会〔2016〕22号），对货物等已验收入库但尚未取得增值税扣税凭证的账务处理做出规定：要求一般纳税人购进的货物等已到达并验收入库，但尚未收到增值税扣税凭证并未付款的，应在月末按货物清单或相关合同协议上的价格暂估入账，不需要将增值税的进项税额暂估入账。

财政部站在税收征管角度，防止企业不论是否收到发票、是否认证，均将进项税额全部记入"应交税费——增值税（进项税额）"科目，导致该科目包括已认证的和未认证的进项税额，不利于税务系统的申报与征管。

3. 对传统暂估模式的改进

传统模式下，企业要在货物入库时区分发票是否同期到达。如果货物入库的当期（月）发票到达且被认证，企业直接依据入库单、增值税专用发票等办理入库并记录进项税额及应付账款。如果货物入库的当期（月）发票未到达或未被认证，则企业在月末暂估入库，次月初冲销暂估，次月再判断发票是否收到或被认证，以此类推，直到增值税专用发票到达并被认证。不得不说，这样的操作费时又费力，且容易产生暂估与冲暂估的差异。

对此，对传统暂估模式进行改进。改进后的暂估模式为：货物入库时无须辨认增值税专用发票是否到达或被认证，全部做暂估入库处理；收到增值税专用发票并认证后无须辨认货物是否入库，全部做到票冲暂估处理。

案例

接上一个案例，上个案例的会计处理如下（付款凭证略）。

（1）1月末暂估入库。

借：原材料——A材料　　　　　　　　　　　　　　　10 000

　　贷：应付账款——暂估应付——甲供应商　　　　　　10 000

（2）3月到票认证冲暂估。

借：原材料——A材料　　　　　　　　　　　　　　　-10 000

　　贷：应付账款——暂估应付——甲供应商　　　　　　-10 000

借：原材料——A材料　　　　　　　　　　　　　　　10 000

　　应交税费——应交增值税（进项税额）　　　　　　1 300

　　　贷：应付账款——到票应付——甲供应商　　　　　　　　　　　11 300

改进后的账务处理见表 13-5。

表 13-5　应付账款——暂估应付

摘要	借方金额	贷方金额
1 月末暂估		10 000.00
3 月到票认证		–10 000.00
合计	0.00	0.00

　　通过会计分录的编制与丁字账户的对比，新型的暂估模式较传统的暂估模式在确保暂估的本质功能基础之上，更为简便直观。

4. 对进项税额暂估的改进

　　企业在执行《增值税会计处理规定》"不需要将增值税的进项税额暂估入账"规定时，可对暂估进项税额进行改进。

　　《增值税会计处理规定》规定，"待认证进项税额"明细科目核算一般纳税人由于未经税务机关认证而不得从当期销项税额中抵扣的进项税额，包括：一般纳税人已取得增值税扣税凭证、按照现行增值税制度规定准予从销项税额中抵扣，但尚未经税务机关认证的进项税额；一般纳税人已申请稽核但尚未取得稽核相符结果的海关缴款书进项税额。

案例

　　假定公司在 2022 年 2 月收到甲供应商的增值税专用发票但未认证，2022 年 3 月公司对该增值税专用发票进行了认证。公司专门设立"其他应收款——待收取进项税额"科目核算货物已入库但未收到增值税专用发票的业务。

　　上述案例的会计处理如下（付款凭证略）。

　　（1）1 月暂估入库。

　　借：原材料——A 材料　　　　　　　　　　　　　　　　　　　10 000

　　　其他应收款——待收取进项税额　　　　　　　　　　　　　　1 300

　　　贷：应付账款——暂估应付——甲供应商　　　　　　　　　　11 300

　　（2）2 月收到发票但未认证。

　　借：应交税费——应交增值税（待认证进项税额）　　　　　　　1 300

  贷：其他应收款——待收取进项税额   1 300

（3）3月发票认证冲暂估。

 借：原材料——A材料   −10 000

   应交税费——应交增值税（待认证进项税额）   −1 300

    贷：应付账款——暂估应付——甲供应商   −11 300

 借：原材料——A材料   10 000

   应交税费——应交增值税（进项税额）   1 300

    贷：应付账款——到票应付——甲供应商   11 300

13.3 应付账款账实差异的清理及会计核算

13.3.1 应付账款账实差异产生的原因

  基于财务不规范的三种类别："该算的没有算，不该算的算了，算得不规范"，下面介绍应付账款账实差异产生的原因。

  应付账款的正向业务包括应付账款的确认和冲销（即付款）。其中，确认分为到货确认和到票确认。应付账款的反向业务包括应付账款的冲销和退款。应付账款的冲销指折扣、折让、退货引起的应付账款被冲减，应付账款的退款指折扣、折让、退货引起的供应商退回货款。

1. 该算应付或付款的却没有算

  该由公司确认的应付账款未被确认，主要指向供应商无票采购。

  应由公司支付的账款却由公司外的单位或个人代为支付，主要指股东或股东关联的其他单位或个人代付款项或虽未代付但约定由其代付，及由其冲销相应往来的情形。

2．不该算应付或付款的却算了

不该由公司负担的应付账款却被确认，主要指公司负担股东或与股东相关联的其他单位或个人的应付账款。

不该由公司支付的账款却由公司支付，主要指公司代股东或股东关联的其他单位或个人支付的应付账款。

3．应付或付款算得不规范

应付或付款算得不规范的情形很复杂，常见的情形包括：供应商的应付账款确认多或少了；甲供应商的应付账款却确认在乙供应商名下；甲供应商的付款却登记在乙供应商名下。

13.3.2　应付账款会计核算的基础逻辑

1．应付账款会计核算的基础逻辑

相比于应收账款、其他应收款（以员工为例）、应付职工薪酬等往来科目，应付账款因为包括暂估应付与到票应付两个二级科目，且存在材料入库与发票到达的时间差异，其会计核算的基础逻辑显得复杂。但不管如何复杂，思路正确，后续处理就会简单许多。常见往来科目的会计核算要点如表 13-6 所示。

表 13-6　常见往来科目会计核算要点

会计科目	借方核算内容	贷方核算内容	期末余额
应收账款	应收确认	应收回款	应（预）收余额
其他应收款（员工）	员工借支	员工报销	员工欠款余额
应付职工薪酬	薪酬计提	薪酬发放	应（预）付薪酬余额
应付账款（暂估应付）	到票冲销（不含税）	材料入库（不含税）	欠票余额（不含税）
应付账款（到票应付）	付款金额（含税）	到票金额（含税）	到票欠款（含税）

2．应付账款借贷余的常见类型

以到货、到票、付款为标准，供应商应付账款借贷余的常见类型有：货已到票未到款未付（甲）、货已到票已到款未付（乙）、货未到票未到款预付（丙）、货已到票未到款已付（丁）、货已到票已到款已付（戊）等。假定上述供应商期初余额均为 0，则应付账款借贷余举例如表 13-7 所示。

表 13-7　应付账款借贷余举例

单位：元

名称	会计科目	期初余额	本期借方	本期贷方	期末余额	备注
甲	暂估应付			10 000.00	10 000.00	到货 10 000 元（不含税），票未到，款未付
	到票应付					
乙	暂估应付		10 000.00	10 000.00		到货 10 000 元（不含税），到票 11 300 元，款未付
	到票应付			11 300.00	11 300.00	
丙	暂估应付					货未到，票未到，预付 4 520 元
	到票应付		4 520.00		-4 520.00	
丁	暂估应付			10 000.00	10 000.00	到货 10 000 元（不含税），票未到，预付 4 520 元
	到票应付		4 520.00		-4 520.00	
戊	暂估应付		10 000.00	10 000.00		到货 10 000 元（不含税），到票 11 300 元，付款 11 300 元
	到票应付		11 300.00	11 300.00		

13.3.3　应付账款账实差异的核查

1. 应付账款账实差异的核查职责

同应收账款的核查职责划分类似，应付账款的核查职责由财务部门与采购部门共同承担。财务部门对最终结果承担主要职责，采购部门对具体事项承担核实职责。

较久远的应付账款责任人难以考证或已不存在的，根据现有职责由采购部门确定或指定责任人。

2．应付账款账实差异的核查原则

同应收账款的核查原则类似，应付账款的核查原则为"先易后难、迎难而上、知难而退"。

（1）先易后难：先梳理清晰的应付账款。

（2）迎难而上：再攻坚复杂的应付账款。

（3）知难而退：放弃"钉子户"型的应付账款。

3．应付账款账实差异的核查方法

同应收账款的核查方法类似，应付账款的核查方法包括账实核对法、外部佐证法、外部支撑法。

13.3.4　应付账款账实差异的处置思路

基准日的应付账款应是良性的、正常的，这一基础性思想决定了应付账款账实差异的处置思路。常见的账实差异处置思路如下。

1．深度挖掘呆坏应付账款的历史

一般将无须支付的应付账款计入当期营业外收入。然而这是远远不够的，财务规范团队应全面深挖各笔呆坏应付账款，查看是否存在已由股东或他人代付但账面未记录、因质量问题无须支付但相应的往来却未调减、本该计入应（预）收账款却计入应付账款等情形。

2．转移存在纠纷的僵持账

对于存在纠纷且双方陷入僵持的应付账款，可留可转。企业可以通过签订债权债务转让协议的方式将此类债权转至其他企业。

实务中的应付账款账实差异处置思路复杂，限于篇幅，不一一列举。

职工薪酬在拟上市企业的审核反馈意见中被频频提及。因此，企业需要注重职工薪酬合规。

14.1 会计准则与税收法律法规中的职工薪酬

14.1.1 会计准则中的职工薪酬

2014 年修订的《企业会计准则第 9 号——职工薪酬》规定，职工薪酬，是指企业为获得职工提供的服务或解除劳动关系而给予的各种形式的报酬或补偿。职工薪酬包括短期薪酬、离职后福利、辞退福利和其他长期职工福利。企业提供给职工配偶、子女、受赡养人、已故员工遗属及其他受益人等的福利，也属于职工薪酬。

短期薪酬，是指企业在职工提供相关服务的年度报告期间结束后十二个月内需要全部予以支付的职工薪酬，因解除与职工的劳动关系给予的补偿除外。短期薪酬具体包括：职工工资、奖金、津贴和补贴，职工福利费，医疗保险费、工伤保险费和生育保险费等社会保险费，住房公积金，工会经费和职工教育经费，短期带薪缺勤，短期利润分享计划，非货币性福利以及其他短期薪酬。

离职后福利，是指企业为获得职工提供的服务而在职工退休或与企业解除劳动关系后，提供的各种形式的报酬和福利，短期薪酬和辞退福利除外。

　　辞退福利，是指企业在职工劳动合同到期之前解除与职工的劳动关系，或者为鼓励职工自愿接受裁减而给予职工的补偿。

　　其他长期职工福利，是指除短期薪酬、离职后福利、辞退福利之外所有的职工薪酬，包括长期带薪缺勤、长期残疾福利、长期利润分享计划等。

14.1.2　税收法律法规中的职工薪酬

　　《企业所得税法实施条例》第三十四条规定，企业发生的合理的工资薪金支出，准予扣除。

　　《国家税务总局关于企业工资薪金及职工福利费扣除问题的通知》（国税函〔2009〕3 号）规定，《实施条例》第三十四条所称的"合理工资薪金"，是指企业按照股东大会、董事会、薪酬委员会或相关管理机构制订的工资薪金制度规定实际发放给员工的工资薪金。

14.1.3　会计准则与税收法律法规关于职工薪酬的对比分析

　　对于企业财务人员来说，职工薪酬的会计与税务处理在 2015 年发生了不小的变化：一是财政部对《企业会计准则第 9 号——职工薪酬》进行了修订（以下简称修订后的准则为新职工薪酬准则），并要求企业从 2014 年 7 月 1 日起执行；二是自 2015 年 1 月 1 日起，查账征收的企业所得税纳税人执行新的企业所得税年度纳税申报表，此表将原纳税调整表中的职工薪酬等项目单列附表，增加了股权激励支出，细化了职工教育经费支出等内容。

　　新职工薪酬准则与国际惯例趋同，进一步扩大了谨慎性原则的应用范围，会计方法选择和业务处理程序更加符合经济实质重于法律形式原则，但因会计与税收的目标和原则不一致，会计准则与税收法律法规仍存在一定的差异。新职工薪酬准则中"职工薪酬"比税收法律法规中的"工资薪金支出"范围更广。税收法律法规没有明确职工薪酬的概念，而是将会计上的职工薪酬分解为工资薪金、职工福利费、社会保险费、住房公积金、工会经费、职工教育经费、非货币性福利等。在税务处理上，不能简单地把职工薪酬作为工资薪金支出在税前扣除，而应将会计上的职工薪酬分解为税收法律法规对应的费用支出，再确定能否在税前扣除。

（1）工资薪金支出的税前扣除遵循实际发生原则、合理性原则及特定人员工资薪金加计扣除等原则。

实际发生原则要求企业税前扣除的工资薪金是当期实际发生的工资薪金，仅计提尚未发放的应付职工薪酬不允许在税前扣除。

合理性原则要求企业在一定时期所发放的工资薪金是相对固定的，工资薪金的调整是有序进行的；有关工资薪金的安排，不以减少或逃避税款为目的。

特定人员工资薪金加计扣除是税法为鼓励科技创新、促进就业出台的税收优惠政策。又如，企业安置残疾人员的，在按照支付给残疾职工工资据实扣除的基础上，按照支付给残疾职工工资的 100% 加计扣除。

（2）税收法律法规强调允许税前扣除的职工福利费支出，必须是实际发生的且不得超过工资薪金总额 14% 的部分。企业在计算税前允许扣除的职工福利费金额时，应将当期实际发生的职工福利费总额，与税收法律法规口径的工资薪金总额的 14% 进行比较，超支部分应调增应纳税所得额，且该部分超支数额构成永久性差异的，不得结转到以后年度扣除。

实际发生的职工福利费支出扣除基数是"实际发放的工资薪金总额"，不包括企业福利部门薪酬、三项经费及五险一金。

企业为职工提供的子女教育补贴，在会计上属于职工薪酬，但是税收法律法规上不符合相关性原则，不得税前扣除，产生税会差异。

（3）企业超出税收法律法规规定范围和标准缴纳的社会保险费、住房公积金，本期及以后年度均不得在税前扣除。同时，只有实际缴纳金额方可扣除，对于提而未缴的社会保险费和住房公积金不得在税前扣除。本期实际缴纳数超过提取数，但未超过税收法律法规规定标准的部分，允许在实际缴纳的年度扣除，即前期调增的金额允许在实际缴纳年度做纳税调减处理。

（4）企业拨缴的工会经费，不得超过税收法律法规口径的工资薪金实际发放数的 2%，超过部分和提而未缴部分不得扣除，不允许扣除部分应调增应纳税所得额。

（5）企业发生的职工教育经费支出不超过工资薪金总额 8% 的部分准予扣除，超过部分准予结转以后纳税年度扣除。超过部分，当年纳税调增，会计上确认递延所得税资产，以后年度纳税调减。

职工教育经费支出实际上允许全额扣除，只是在扣除时间上做了相应递延。新企业所得税年度纳税申报表《职工薪酬纳税调整明细表》的职工教育经费支出项目，细化列示了"按税收规定比例扣除的职工教育经费"和"按税收规定全额扣除的职工培训费用"两个子项目，体现了国家对软件企业、集成电路设计企业等类型纳税人的税收扶持。

（6）企业对实际发生的辞退福利可以据实扣除。对于职工有选择权的辞退福利，通过"预计负债"科目计入费用的部分，不得在计算应纳税所得额时扣除，即本期提而未付的辞退福利不得在税前扣除，应调增应纳税所得额，待实际支付时，再做纳税调减处理。

案例

某公司 2021 年应支付管理人员合理的工资薪金为 580 万元，由于资金紧张，实际支付工资 370 万元（含福利部门人员工资 20 万元）、年终奖 25 万元、加班费 20 万元、补贴 5 万元、符合当地规定标准的五险一金 26 万元，企业实际发生的除福利部门人员工资外的职工福利费、职工教育经费和拨缴的工会经费分别为 34 万元、16 万元和 8 万元。

会计处理如下。

借：管理费用　　　　　　　　　　　　　　　　　580
　　贷：应付职工薪酬　　　　　　　　　　　　　　　580
借：应付职工薪酬　　　　　　　　　　　　　　　504
　　贷：银行存款　　　　　　　　　　　　　　　　504

税收处理如下。

五险一金不属于工资薪金总额。

工资薪金总额 =370-20+25+20+5=400（万元）

职工福利费扣除限额 =400×14%=56（万元）；实际发生职工福利费 =20+34=54（万元），可以据实扣除。

职工教育经费扣除限额 =400×8%=32（万元）；实际发生职工教育经费 16 万元，可以据实扣除。

工会经费扣除限额 =400×2%=8（万元）；实际拨缴工会经费 8 万元，可以据实扣除。

14.2　审计报告与年度报告关于应付职工薪酬的披露

14.2.1　审计报告中的应付职工薪酬披露

注册会计师在审计报告中对应付职工薪酬分类披露，包括按企业会计准则规定的类别披露及对各类别进行全方位披露。相关披露见表 14-1 至表 14-3。

表 14-1　应付职工薪酬披露

项目	期初余额	本期增加	本期减少	期末余额
一、短期薪酬				
二、离职后福利				
三、辞退福利				
四、一年内到期的其他福利				
合计				

表 14-2　短期薪酬披露

项目	期初余额	本期增加	本期减少	期末余额
一、工资、奖金、津贴和补贴				
二、职工福利费				
三、社会保险费				
其中：医疗保险费				
工伤保险费				
生育保险费				
四、住房公积金				

项目	期初余额	本期增加	本期减少	期末余额
五、工会经费和职工教育经费				
六、短期带薪缺勤				
七、短期利润分享计划				
八、其他				
合计				

表 14-3　设定提存计划披露

项目	期初余额	本期增加	本期减少	期末余额
一、基本养老保险				
二、失业保险费				
三、企业年金缴费				
合计				

14.2.2　年度报告中的应付职工薪酬披露

年度报告中对应付职工薪酬进行总体披露，将应付职工薪酬置于管理层讨论与分析板块的资产及负债情况中，内容包括应付职工薪酬期末金额及占总资产比例、期初金额及占总资产比例、期末与期初变动比例等。

具体内容参见表 7-2。

14.3　应付职工薪酬核算的财务规范

案例：商米科技体外代发员工薪酬遭问询

2022 年 3 月 1 日，上海商米科技集团股份有限公司（简称商米科技）因撤回发行上市申请，上交所终止其发行上市审核。

根据 2021 年 11 月商米科技及其保荐团队的回复意见，商米科技存在通过体外公司代发员工薪酬的行为。商米科技回复的内容如下。

（一）2018 年之前是否存在体外代发工资的情形，如是，请说明相关税款是否已缴纳，未来是否存在税收违规风险。

2018 年之前公司存在委托第三方代发工资情形，发行人（指商米科技）已同当地税务部门进行沟通并代员工补缴了相关个人所得税税款。根据实际控制人就"关于公司代扣代缴员工个人所得税事宜的承诺函"的安排，该税款已经由实际控制人承担。

2021 年 9 月，国家税务总局上海市杨浦区税务局出具证明文件，确认商米科技2013 年 12 月 11 日（即公司成立日）至 2017 年 12 月 31 日期间，申报的税款已足额入库，尚未发现欠款及税务处罚记录。保荐机构、发行人律师、申报会计师已对当地税务部门进行访谈，确认税务部门已知悉上述情形。综上，发行人就上述委托第三方代发工资事宜未来不存在税收违规风险。

（二）体外代发工资事项的资金来源、支付对象、支付时间、具体金额，通过代发公司转给代发个人再打给员工的具体考虑。

（1）体外代发工资事项的资金来源、支付对象、支付时间、具体金额。

报告期内，公司委托第三方代发工资合计 3 523.76 万元，其中：3 323.22 万元为公司将自有资金通过基本户转账给代发公司，代发公司打款给代发人员，最终由代发人员发放给员工；200.54 万元为实际控制人母亲陈某香将自有资金直接发放或通过子公司出纳发放给员工。

经统计，2018 年度委托第三方代发金额为 3 145.46 万元，2019 年度金额为378.30 万元，逐年下降，2019 年 3 月至今无代发工资情形。

（2）通过代发公司转给代发个人再打给员工的具体考虑。

公司将工资款通过代发公司转给代发个人再打给员工的考虑主要为通过上述方式保护员工个人信息（包括员工姓名、银行卡号、薪资水平等信息），避免代发公司在代发过程中获取员工信息。

案例点评如下。

商米科技通过代发公司向员工支付工资，不管其如何解释，终究逃不脱所谓的个人所得税筹划目的。

14.3.1 从工资条看职工薪酬基本逻辑

案例

段老师每月税前工资 10 000 元，扣除个人应负担的社会保险费及住房公积金 2 030 元，扣除个人所得税扣除基数 5 000 元，段老师应纳税所得额为 2 970 元。按对应 3% 的个人所得税税率，段老师所属公司大理六脉科技有限公司（简称六脉科技）代扣代缴个人所得税 89.10 元，大理六脉实付段老师工资 7 880.90 元。

六脉科技还须负担社会保险费及住房公积金 3 640 元。

段老师的工资条如表 14-4 所示。

表14-4 段老师的工资条

单位：元

姓名	应付工资	个人负担								个人所得税	实付工资
		基本养老	基本医疗	失业保险				住房公积金			
		8.0%	2.0%	0.3%				10.0%			
段××	10 000.00	800.00	200.00	30.00				1 000.00		89.10	7 880.90

名称	缴纳基数	公司负担								公司负担	公司全部支出
		基本养老	基本医疗	失业保险	工伤保险	生育保险		住房公积金			
		16.0%	8.0%	0.7%	1.0%	0.7%		10.0%			
六脉科技	10 000.00	1 600.00	800.00	70.00	100.00	70.00		1 000.00		3 640.00	13 640.00

分析如下。

从段老师角度看，税前工资 10 000 元，实得工资 7 880.90 元，差额部分用于缴纳社会保险费、住房公积金及个人所得税。

从六脉科技角度看，六脉科技全部支出为 13 640 元，包括段老师的税前工资加上公司应负担的社会保险费及住房公积金。六脉科技的全部支出可用以下等式表示。

①公司全部支出 = 实付工资 + 社会保险费 + 住房公积金 + 个人所得税

②公司全部支出 = 应付工资 + 公司负担社会保险费 + 公司负担住房公积金

由①②可推导出：

实付工资 + 社会保险费 + 住房公积金 + 个人所得税 = 应付工资 + 公司负担社会保险费 + 公司负担住房公积金

14.3.2　应付职工薪酬会计科目的设置

基于工资条案例，应付职工薪酬会计科目设计方案有三种，见表 14-5 至表 14-7。

表 14-5　方案一

单位：元

科目代码	科目名称	金额
221101	实付工资	7 880.90
221103	公司负担基本养老保险	1 600.00
221105	个人负担基本养老保险	800.00
221107	公司负担基本医疗保险	800.00
221109	个人负担基本医疗保险	200.00
221111	公司负担失业保险	70.00
221113	个人负担失业保险	30.00
221115	工伤保险	100.00
221117	生育保险	70.00
221119	公司负担住房公积金	1 000.00
221121	个人负担住房公积金	1 000.00

续表

科目代码	科目名称	金额
221123	职工福利费	
221125	职工教育经费	
221127	工会经费	
221199	其他薪酬	

表 14-6　方案二

单位：元

科目代码	科目名称	金额
221101	实付工资	7 880.90
221103	基本养老保险	2 400.00
22110301	公司负担	1 600.00
22110303	个人负担	800.00
221105	基本医疗保险	1 000.00
22110501	公司负担	800.00
22110503	个人负担	200.00
221107	失业保险	100.00
22110701	公司负担	70.00
22110703	个人负担	30.00
221109	工伤保险	100.00
221111	生育保险	70.00
221113	住房公积金	2 000.00
22111301	公司负担	1 000.00
22111303	个人负担	1 000.00
221115	职工福利费	
221117	职工教育经费	
221119	工会经费	
221199	其他薪酬	

表 14-7　方案三

单位：元

科目代码	科目名称	金额
221101	应付工资	9 910.90
22110101	实付工资	7 880.90
22110103	个人负担基本养老保险	800.00
22110105	个人负担基本医疗保险	200.00
22110107	个人负担失业保险	30.00
22110109	个人负担住房公积金	1 000.00
221103	公司负担基本养老保险	1 600.00
221105	公司负担基本医疗保险	800.00
221107	公司负担失业保险	70.00
221109	公司负担工伤保险	100.00
221111	生育保险	70.00
221113	住房公积金	1 000.00
221115	职工福利费	
221117	职工教育经费	
221119	工会经费	
221199	其他薪酬	

三个方案的区别在于社会保险费、住房公积金等和负担主体是直接关联还是分层展示。

方案一中的社会保险费、住房公积金等和负担主体直接关联组合并作为二级科目；方案二按照社会保险费（住房公积金）＋负担主体的方式分层展示；方案三按照负担主体＋社会保险费（住房公积金）的方式分层展示。

方案一直观但缺乏层次；方案二直观显示个人和企业负担的社会保险费、住房公积金及小计，与社会保险费、住房公积金扣款对应，但应付工资到实付工资的过程不直观；方案三较直观展示应付工资到实付工资的过程，但社会保险费、住房公积金显示不全面，仅展示企业负担部分。

三种方案各有千秋，企业可根据自身情况，结合所在地征管单据（银行回单／完税证明等）设置，在设置时听取中介机构尤其是会计师事务所的意见和建议。

企业选择方案后不应随意变更，同时各项成本费用的明细科目设计要和应付职工薪酬科目设计对应。

14.3.3　应付职工薪酬常见业务的规范

应付职工薪酬常见业务处理模式有两种，即"计提—支付"模式和"支付—分配"模式。下面以常见的"计提—支付"模式，结合段老师的工资条（假定段老师属于管理部门）与方案二架构下的会计科目设置，来解读常见业务的账务处理。

案例

（1）应付职工薪酬计提。

借：管理费用——工资——实付工资	7 880.90
管理费用——工资——基本养老保险——公司负担	1 600.00
管理费用——工资——基本养老保险——个人负担	800.00
管理费用——工资——基本医疗保险——公司负担	800.00
管理费用——工资——基本医疗保险——个人负担	200.00
管理费用——工资——失业保险——公司负担	70.00
管理费用——工资——失业保险——个人负担	30.00
管理费用——工资——工伤保险	100.00
管理费用——工资——生育保险	70.00
管理费用——工资——住房公积金——公司负担	1 000.00
管理费用——工资——住房公积金——个人负担	1 000.00
管理费用——工资——个人所得税	89.10
贷：应付职工薪酬——实付工资	7 880.90
应付职工薪酬——基本养老保险——公司负担	1 600.00
应付职工薪酬——基本养老保险——个人负担	800.00
应付职工薪酬——基本医疗保险——公司负担	800.00

应付职工薪酬——基本医疗保险——个人负担	200.00
应付职工薪酬——失业保险——公司负担	70.00
应付职工薪酬——失业保险——个人负担	30.00
应付职工薪酬——工伤保险	100.00
应付职工薪酬——生育保险	70.00
应付职工薪酬——住房公积金——公司负担	1 000.00
应付职工薪酬——住房公积金——个人负担	1 000.00
应交税费——个人所得税	89.10

（2）支付工资。

借：应付职工薪酬——实付工资　　　　　　　　　　7 880.90

　　贷：银行存款　　　　　　　　　　　　　　　　　　7 880.90

（3）缴纳社会保险费及住房公积金（假定由同家机构征收）。

借：应付职工薪酬——基本养老保险——公司负担　　1 600.00

　　应付职工薪酬——基本养老保险——个人负担　　800.00

　　应付职工薪酬——基本医疗保险——公司负担　　800.00

　　应付职工薪酬——基本医疗保险——个人负担　　200.00

　　应付职工薪酬——失业保险——公司负担　　　　70.00

　　应付职工薪酬——失业保险——个人负担　　　　30.00

　　应付职工薪酬——工伤保险　　　　　　　　　　100.00

　　应付职工薪酬——生育保险　　　　　　　　　　70.00

　　应付职工薪酬——住房公积金——公司负担　　　1 000.00

　　应付职工薪酬——住房公积金——个人负担　　　1 000.00

　　贷：银行存款　　　　　　　　　　　　　　　　　5 670.00

（4）缴纳个人所得税。

借：应交税费——个人所得税　　　　　　　　　　　89.10

　　贷：银行存款　　　　　　　　　　　　　　　　　89.10

14.3.4　应付职工薪酬原路返回思路的运用

案例

接上例，假定 2022 年 6 月发现多计提 500 元，多缴纳个人所得税 15 元，除此之外的社会保险费及住房公积金均按上年度标准确定（即多计提不影响社会保险费及住房公积金计算缴纳）。

账务处理如下。

借：管理费用——工资——实付工资   -500.00

    管理费用——工资——个人所得税   -15.00

  贷：应付职工薪酬——实付工资   -500.00

     应交税费——个人所得税   -15.00

14.3.5 IPO 审查对职工薪酬的关注

很多企业对职工薪酬的规范不重视，但是职工薪酬也是 IPO 审查的重点，那企业 IPO 审查对职工薪酬有哪些关注点呢？

1. 员工薪酬及高管薪酬是否偏低或下降

员工薪酬包含员工薪酬总额与员工薪酬平均额两方面。随着企业业务开拓及收入增长，一般情况下，员工薪酬在总额与平均额两方面均应当有一定的增长。

因高管人数少于普通员工人数，同时高管薪酬相对较高，其调节的空间也就较大。

因涉及股权激励等因素，拟上市企业高管薪酬可能出现比同行业偏低的情况，但高管薪酬在报告期应当呈上升趋势，至少应当保持稳定。

员工薪酬与高管薪酬的计提与发放属于企业内部事项，同时薪酬是成本与费用的主要组成部分，对利润有重大影响，这给拟上市企业通过薪酬调节利润提供了空间。

审核人员通过横向对比同行业企业薪酬水平、纵向对比报告期薪酬波动的方式，核查员工薪酬与高管薪酬是否偏低或下降。

2. 社会保险费及住房公积金是否缴纳、缴足

证监会目前并未对社会保险费及住房公积金的缴纳人数与缴纳比例做出明确规定，在实务中主要根据具体项目具体分析，但鉴于社会保险费及住房公积金的缴纳直接影响企业利润，在目前强监管、严审核态势下，拟上市企业应按社会保险费和住房公积金的相关规定缴纳。

利润规模在 3 000 万元左右的公司，需要重点关注社会保险费及住房公积金的缴纳情况，若报告期社会保险费及住房公积金足额缴纳后利润显著降低，其发行上市申请很有可能被发审会否决。

审核人员会核查社会保险费及住房公积金的缴纳人数与缴纳比例是否合法合规，对于未缴纳或少缴纳情况，公司可通过实际控制人出具承诺、主管机关出具合法合规证明、分析未缴纳或少缴纳对利润影响较小等方式，避免社会保险费及住房公积金缴纳问题成为 IPO 实质性障碍。

3. 是否存在账外支付薪酬情况

职工薪酬是成本费用的重要组成部分，某些上市公司为增加利润，可能由实际控制人、关联方支付职工薪酬。

审核人员一方面横向和纵向比对公司薪酬是否存在偏低或降低情况，另一方面通过员工访谈、要求实际控制人及关联方提供银行流水等方式，核查公司是否存在账外支付薪酬虚增利润的情况。

4. 是否存在通过发票报销发放工资的情况

为了帮助员工减少个人所得税，部分公司通过让员工报销发票的方式发放工资，如报销加油票、餐票等。

该种方式容易造成费用明细划分不符实际、生产成本与费用划分不准确等后果。

个人所得税法规定，公司有为员工代扣代缴个人所得税的义务。公司如果帮助员工不合理地避税，则存在被税务机关处罚的风险。

审核人员通过分析费用明细结构是否合理、不同明细的波动情况、费用支出是否与公司业务相匹配等方式，核查公司是否存在通过发票报销发放工资的情况，若存在，应让公司及时还原工资明细，并补缴个人所得税。

5. 劳务派遣用工比例是否超过 10%

《劳务派遣暂行规定》规定，用工单位应当严格控制劳务派遣用工数量，使用的被派遣劳动者数量不得超过其用工总量的 10%，并依法为被派遣劳动者缴纳社会保险费。用工总量是指用工单位订立劳动合同人数与使用的被派遣劳动者人数之和。

用工单位只能在临时性、辅助性或者替代性的工作岗位上使用被派遣劳动者。

企业接受劳务派遣用工实际发生的费用，如图 14-1 所示。

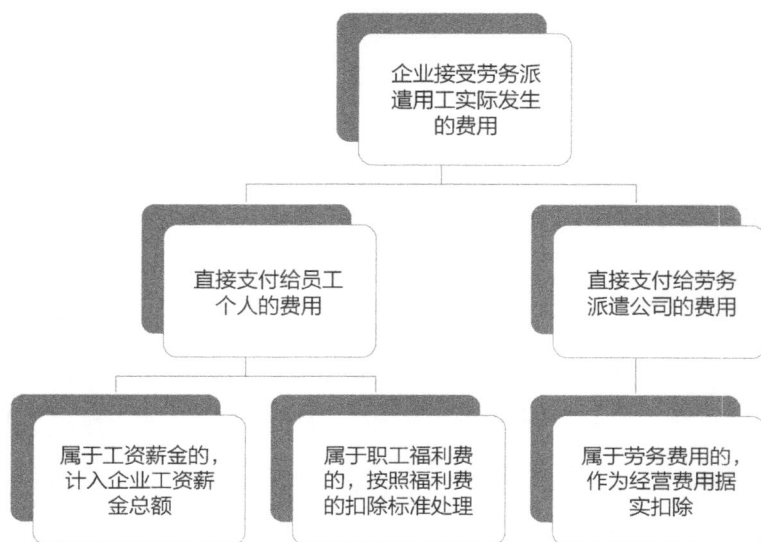

图 14-1　企业接受劳务派遣用工实际发生的费用

6. 核心人员稳定性与竞业禁止规定

拟上市公司应保持董事、监事、高级管理人员及核心技术人员稳定，核心技术人员流失将可能对公司未来发展造成重大不利影响。

同时，董事、监事、高级管理人员及核心技术人员不得有违反竞业禁止规定，尤其是技术研发及专利申请方面，以防形成技术与专利纠纷。

职工薪酬对公司利润有重要影响，由于其属于公司内部事项，拟上市公司常常通过少计提职工薪酬的方式虚增公司利润。

审核人员通过横向与纵向对比，核查职工薪酬是否存在异常，同时督促公司完善职工薪酬方面内部控制，杜绝账外支付薪酬、发票报销抵工资、劳务派遣用工比例超标、核心人员不稳定与无竞业禁止规定等情况，避免职工薪酬不合规而形成 IPO 障碍。

14.3.6　应付职工薪酬账实差异的清理

应付职工薪酬作为典型的有痕要素，涉及个人所得税申报缴纳、社会保险费和住房公积金等缴纳及对应的货币资金支付，相关缴纳（支付）痕迹非常明显。随着财务规范工作的推进，企业会对原有的个人所得税、社会保险费及住房公积金核算进行修正。

财务规范团队应代表企业与中介机构进行全方位沟通，同时也需及时与税务机关沟通，通过个人所得税、社会保险费及住房公积金的更正（补充）缴纳达到账实一致。

税收代表着国家利益，企业必须履行纳税义务。应交税费是企业核算税收方面有关业务涉及的科目，来不得半点马虎。

15.1 审计报告与年度报告关于应交税费的披露

15.1.1 审计报告中的应交税费披露

注册会计师在审计报告中对应交税费进行全方位披露，包括各税种的期末金额及期初金额（见表 15-1），同时通过税金及附加科目的披露综合显示各税种的本期发生额与上期发生额（见表 15-2）。

表 15-1 应交税费披露

项目	期末余额	期初余额
增值税		
城市维护建设税		
教育费附加		
地方教育附加		
企业所得税		

项目	期末余额	期初余额
个人所得税		
房产税		
城镇土地使用税		
印花税		
……		
合计		

表 15-2　税金及附加披露

项目	本期发生额	上期发生额
城市维护建设税		
教育费附加		
地方教育附加		
房产税		
城镇土地使用税		
印花税		
……		
合计		

15.1.2　年度报告中的应交税费披露

年度报告中对应交税费进行总体披露，将应交税费置于管理层讨论与分析板块的资产及负债情况中，内容包括应交税费期末金额及占总资产比例、期初金额及占总资产比例、期末与期初变动比例等。

具体内容参见表 7-2。

15.2 应交税费核算的财务规范

案例：某网络红人偷逃税被处理

2021 年 12 月 20 日，税务部门公布了对网络主播黄某偷逃税的处理结果。黄某在 2019 年至 2020 年期间通过隐匿个人收入、虚构业务转换收入性质虚假申报等手段偷逃税款，被依法追缴税款、加收滞纳金并处罚款，共计 13.41 亿元。

经查，黄某通过隐匿个人收入、虚构业务转换收入性质虚假申报等手段，偷逃税款 6.43 亿元，其他少缴税款 0.6 亿元。对其隐匿收入偷税但主动补缴和报告的部分，处 0.6 倍罚款；对隐匿收入偷税但未主动补缴的部分，处 4 倍罚款；对虚构业务转换收入性质虚假申报偷税少缴的部分，处 1 倍罚款。

黄某丈夫发布致歉信：我深知我们在税务上并不专业，因此聘用所谓的专业机构帮我们进行税务统筹合规，但后续发现这些所谓的合法合规的税务统筹均存在问题。在更为专业的财务团队到岗后，发现税务统筹有极大风险，于是自 2020 年 11 月至今，我们终止了所谓的税务规划统筹，按照 45% 个人所得税税率全额缴纳相关税款，并主动补缴在此之前的不合规的相关税款。

案例点评如下。

直播平台企业及个人等要诚信经营，依法依规开展业务，不能抱有侥幸心理，想方设法偷逃税。

案例：苏州维嘉回复企业所得税 5 000 元处罚事件

2022 年 3 月 15 日，《关于苏州维嘉科技股份有限公司首次公开发行股票并在创业板上市申请文件的第二轮审核问询函之回复报告》披露了主要问询问题。

在关于其他事项中，苏州维嘉科技股份有限公司（简称苏州维嘉）在 2020 年 7 月受到国家税务总局苏州工业园区税务局稽查局的处罚，依据相关决定，对企业所得税方面编造虚假计税依据的行为，决定处以罚款 5 000 元。

深交所要求说明税务处罚所称"企业所得税方面编造虚假计税依据的行为"的具体情况，相关事项是否构成财务内部控制的重大缺陷，以及公司的整改情况等。

（1）税务处罚所称"企业所得税方面编造虚假计税依据的行为"的具体情况。

根据国家税务总局苏州工业园区税务局稽查局于 2020 年 7 月 7 日出具的苏园税稽罚〔2020〕68 号《税务行政处罚决定书》及发行人提供的其他文件资料及说明，发行人于 2015 年 1 月 1 日至 2019 年 10 月 31 日期间在企业所得税申报方面存在如下编造虚假计税依据的行为。

①发行人取得苏州海虹企业管理有限公司（以下简称苏州海虹）支付的土地租金收入未开具发票和确认收入。

发行人与苏州海虹于 2015 年 9 月 28 日签订《空地租赁协议》，约定发行人将其拥有的位于苏州工业园区新城路北金芳路东维嘉科技东侧的空地（简称租赁土地）租赁予苏州海虹，租赁期限为 2015 年 10 月 1 日至 2025 年 11 月 14 日，第一年租金为 3.5 万元 / 亩，后按每年 0.2 万元 / 亩的价格递增。发行人于 2019 年 1 月 1 日前收到租赁土地租金收入后，在账上借记"银行存款"或"库存现金"，贷记"其他应付款"。因苏州海虹未实际支付相关税费，故发行人于 2019 年 1 月 1 日前未开具发票，也未在纳税申报表中申报收入。2019 年 1 月 1 日后，租赁土地租金收入已记入"其他业务收入"，发行人虽未开具发票，但在纳税申报表中申报了未开票收入。

②发行人取得苏州海虹支付的电费收入未开具发票和确认收入。

2015 年 10 月至 2016 年 9 月期间，租赁土地由苏州海虹自行使用，租赁土地的相应电费由苏州海虹直接充值至发行人电费账户，国网江苏省电力有限公司苏州供电分公司（简称苏州供电公司）向发行人开具电费发票，发行人账面借记"制造费用——水电费""管理费用——水电费""应交税费——应交增值税（进项税额）"，贷记"其他应收款——江苏电力"，将收到的发票全额入账，但发行人未向苏州海虹开具发票，也未确认收入。

苏州海虹于 2016 年 9 月将租赁土地转租予苏州云中杉新能源技术有限公司（简称云中杉）。2019 年 3 月，苏州海虹与云中杉解除租赁协议，租赁土地由苏州海虹继续使用，租赁土地的相应电费仍由苏州海虹直接充值至发行人电费账户，发行人亦未开具发票及确认收入。

③发行人取得云中杉支付的部分电费收入未开具发票和确认收入,部分电费收入滞后申报。

2016年9月至2019年2月期间,租赁土地实际由云中杉使用,发行人与云中杉签署用电协议,约定云中杉使用的电费按月支付至发行人对公账户,发行人每月根据云中杉实际使用电量开具发票。于上述期间内,发行人有28.64万元电费收入未开具发票和确认收入,另有部分已经开具发票的电费收入未按照纳税义务发生时间申报纳税,滞后申报税款。

对于上述情形,国家税务总局苏州工业园区税务局稽查局对发行人企业所得税方面编造虚假计税依据的行为决定处以罚款5 000元。

(2)相关事项是否构成财务内部控制的重大缺陷,以及发行人的整改情况。

①相关事项不构成财务内部控制的重大缺陷。

根据发行人提供的相关文件资料及说明,上述编造虚假计税依据的行为发生的主要原因系发行人基层办税人员对税收法律法规及缴税计算口径的理解与税务主管机关的理解存在偏差,发行人不存在偷逃税款的主观故意。根据国家税务总局苏州工业园区税务局稽查局于2021年6月24日出具的《情况说明》,发行人上述编造虚假计税依据的行为不属于重大违法违规行为;并且,发行人已就该行为充分整改完毕,上述行为不会对财务内部控制有效性产生重大不利影响。因此,发行人上述编造虚假计税依据的行为不构成发行人财务内部控制的重大缺陷。

②发行人的整改情况。

根据发行人提供的相关文件资料及说明,在上述行政处罚发生后,发行人已及时足额补缴相应税款并足额缴纳相应罚款。针对发行人基层办税人员对税收法律法规理解不足的情况,发行人已通过加强基层办税人员培训、定期举办税务培训讲座等方式进行指导,要求基层办税人员及时、足额申报纳税;同时,为完善税务申报相关的财务内部控制制度,发行人已制定《苏州维嘉科技股份有限公司税务风险管理制度》,对税务管理岗位和职责、税务申报管理、税务风险内部控制等方面进行了详细规定;此外,发行人在财务部门设立了税务监督专员职位,负责监督发行人纳税申报及税款缴纳情况。根据国家税务总局苏州工业园区税务局第一税务所分别于2021年4月28日、2021年11月10日出具的《涉税信息查询结果告知书》,发行人于上述行政处罚发生后未再发生任何税务违法违规行为。根据容诚于2021年11月26日出具的容诚专字〔2021〕216Z0191号《内部控制鉴证报告》,发行人于 2021 年 12 月 31 日按照《企业内部控制基本规范》和相关规定在所有重大方面保持了有效的财务报告内部控制。

案例点评如下。

企业上市申报材料中须包含主管税务机关出具的《无重大违法违规证明》，税收处罚无小事，小小瑕疵却可能成为影响企业上市进程的绊脚石。

15.2.1　应交税费会计科目的设置

企业根据行业特点及所在区域实际征收情况设置应交税费会计科目，一般包括增值税、消费税、城市维护建设税、教育费附加、地方教育附加、企业所得税、个人所得税、房产税、土地使用税、印花税等科目。应交税费会计科目的设置见表 15-3。

表 15-3　应交税费会计科目的设置

科目代码	科目名称	备注
222101	应交增值税	
22210101	进项税额	
22210103	已交税金	
22210105	转出未交增值税	
22210107	销项税额	
22210109	进项税额转出	
22210111	转出多交增值税	
222103	未交增值税	
222105	待认证进项税额	
222107	城市维护建设税	征收率为 7%、5%、1%
222109	教育费附加	征收率为 3%
222111	地方教育附加	征收率为 2%
222113	企业所得税	
222115	个人所得税	
222117	城镇土地使用税	

科目代码	科目名称	备注
222119	房产税	
222121	车船税	
222123	印花税	
222199	其他税费	

15.2.2 应交税费与费用性税金的关系

费用性税金是指因为金额相对较小，发生时根据重要性原则直接计入管理费用（营改增后计入税金及附加）的税金，即车船税、城镇土地使用税、印花税、房产税。

实务中常有这种做法：费用性税金在发生时直接记入费用类科目，而不在"应交税费"科目核算。其实这种做法是片面的，会导致费用性税金在实务中难以统一处理。

《财政部关于印发〈企业会计准则——应用指南〉的通知》（财会〔2006〕18号）中的会计科目和主要账务处理中规定：应交税费科目核算企业按照税法规定计算应缴纳的各种税费，包括增值税、消费税、企业所得税、资源税、土地增值税、城市维护建设税、房产税、城镇土地使用税、教育费附加、矿产资源补偿费等。

由此可见，费用性税金应该通过"应交税费"科目进行"计提——缴纳"的往来核算。

15.2.3 税金及附加与应交税费对比

财务人员往往容易混淆税金及附加与应交税费这两个科目，那么这两者之间有什么联系与区别呢？

1. 两者具有计提关联性

以房产税为例，计提时借方科目为税金及附加，贷方科目为应交税费。

2．两者科目性质不一样

"税金及附加"科目属于损益类科目，使用方式与管理费用等费用科目类似，"应交税费"科目属于负债类科目，主要记录往来过程。

3．两者涵盖范围不一样

"应交税费"科目核算企业所有税费的征缴过程，即使当场缴付的税费，也建议通过"应交税费"科目进行过渡核算。

"税金及附加"科目记录税费中的"无家可归者"。增值税属于价外税，不在损益科目体现；消费税一般会并入存货成本，通过生产环节及成品进销存环节计入销售成本；企业所得税的损益类归属于所得税费用科目，个人所得税的损益类归属于各项成本或费用，资源税的损益类归属于各类存货成本。除去这些有专门损益类归属的税费以外的"无家可归者"，则全部记入"税金及附加"科目进行损益类归属如表 15-4 所示。

表 15-4　税种及归属

税种	归属
增值税	价外税
消费税	存货成本——销售成本
企业所得税	所得税费用
个人所得税	成本或费用
城市维护建设税	"无家可归者"，记入"税金及附加"科目
教育费附加	
地方教育附加	
城镇土地使用税	
房产税	
车船税	
印花税	

15.2.4　应交税费常见业务的规范

企业必须按照国家规定履行纳税义务，对其经营所得依法缴纳各种税费。

这些税费应按照权责发生制原则进行确认、计提，在尚未缴纳之前暂时留在企业，形成负债（应缴纳但暂未缴纳的税费）。企业应通过"应交税费"科目，总括反映各种税费的缴纳情况，并按照不同税费项目进行明细核算。"应交税费"科目的贷方登记应缴纳的各种税费，借方登记已缴纳的各种税费，期末贷方余额反映尚未缴纳的税费，期末借方余额反映多缴纳或尚未抵扣的税费。

1. 应交增值税的账务处理

第一，企业采购物资等，按可抵扣的增值税税额，借记"应交税费——应交增值税（进项税额）"科目，按应计入采购成本的金额，借记"材料采购""在途物资""原材料""库存商品"等科目，按应付或实际支付的金额，贷记"应付账款""应付票据""银行存款"等科目。购入物资发生退货，做相反的会计分录。

第二，销售物资或提供应税劳务，按营业收入和应收取的增值税税额，借记"应收账款""应收票据""银行存款"等科目，按专用发票上注明的增值税税额，贷记"应交税费——应交增值税（销项税额）"科目，按实现的营业收入，贷记"主营业务收入""其他业务收入"科目。发生销售退回，做相反的会计分录。

第三，实行"免、抵、退"的企业，按应收的出口退税额，借记"其他应收款"科目，贷记"应交税费——应交增值税（出口退税）"科目。

第四，企业本月缴纳本月的增值税，借记"应交税费——应交增值税（已交税金"科目，贷记"银行存款"科目。

第五，企业本月月底有未交增值税，借记"应交税费——应交增值税（转出未交增值税"科目，贷记"应交税费——未交增值税"科目。下月缴纳时，借记"应交税费——未交增值税"科目，贷记"银行存款"科目。

2. 应交城市维护建设税、教育费附加、地方教育附加的账务处理

企业按规定计算应交的城市维护建设税、教育费附加、地方教育附加，借记"税金及附加"等科目，贷记"应交税费——城市维护建设税／教育费附加／地方教育附加"科目。

缴纳城市维护建设税、教育费附加、地方教育附加，借记"应交税费——城

市维护建设税/教育费附加/地方教育附加"科目，贷记"银行存款"等科目。

3．应交企业所得税的账务处理

企业按照税法规定计算应交的企业所得税，借记"所得税费用"等科目，贷记"应交税费——企业所得税"科目。

缴纳企业所得税，借记"应交税费——企业所得税"科目，贷记"银行存款"等科目。

4．应交个人所得税的账务处理

企业按规定计算应代扣代缴的职工个人所得税，借记各成本费用科目，贷记"应交税费——个人所得税"科目。

缴纳个人所得税，借记"应交税费——个人所得税"科目，贷记"银行存款"等科目。

5．应交房产税、城镇土地使用税和车船税的账务处理

企业按规定计算应交的房产税、城镇土地使用税、车船税，借记"税金及附加"科目，贷记"应交税费——房产税/城镇土地使用税/车船税"科目。

缴纳房产税、城镇土地使用税、车船税，借记"应交税费——房产税/城镇土地使用税/车船税"科目，贷记"银行存款"等科目。

案例

公司按季度缴纳城镇土地使用税，计税面积 10 000 平方米，每平方米城镇土地使用税年税额为 4 元，每季度首月缴纳上季度城镇土地使用税。

账务处理如下。

（1）2022 年 3 月计提一季度城镇土地使用税。

借：税金及附加——城镇土地使用税　　　　　　　　　　　　10 000

　　贷：应交税费——城镇土地使用税　　　　　　　　　　　　10 000

（2）2022 年 4 月交纳一季度土地使用税。

借：应交税费——城镇土地使用税　　　　　　　　　　　　　10 000

　　贷：银行存款——建设银行××省××分行××支行 6666　10 000

案例

接上例,假定一季度多计提了 2 000 元城镇土地使用税,一季度已结账,4 月冲销多计提的 2 000 元城镇土地使用税。

账务处理如下。

借:税金及附加——城镇土地使用税　　　　　　　　　　　　-2 000
　　贷:应交税费——应交城镇土地使用税　　　　　　　　　-2 000

15.2.5　应交税费账实差异的清理

1. 确认财务规范前的应交税费原有痕迹

从基准日来看,规范期间的应交税费痕迹实际属于财务规范前的痕迹。

随着规范期间的账实梳理工作开展,原有的应交税费痕迹可能无法与账实梳理后的应交税费应有痕迹对应。

虽然无法对应,但企业也需要确认规范期间的应交税费痕迹,包括应交税费各明细税种(科目)的期初余额、本期借方发生额、本期贷方发生额、期末余额信息,以及这些信息相关的支撑性资料。

2. 确认财务规范后的应交税费应有痕迹

财务规范团队通过对各要素(科目)的规范梳理,确认应交税费各税种的应有痕迹。

3. 处理应交税费规范前后的账实差异

在前两步的基础之上,财务规范团队应代表企业与中介机构进行全方位沟通,同时也需及时与税务机关沟通,通过各税种的更正(补充)申报达到账实一致。

案例

以企业所得税为例。

原有计缴痕迹:某公司(高新技术企业)财务规范前 2021 年度应纳税所得额为 1 000 万元,按 15% 的企业所得税税率计算,应交企业所得税为 150 万元,实交150 万元。

应有计缴痕迹:财务规范工作梳理完成后,该公司 2021 年度应纳税所得额为 1 200 万元，按 15% 的企业所得税税率计算，应交企业所得税为 180 万元，实交 150 万元。

处理账实差异：与税务机关沟通协调后，该公司补充（更正）申报后补缴企业所得税 30 万元。

资产负债表与利润表除了本年利润（利润分配）的桥梁外，两者的各种错综复杂的交织都将在现金流量表体现出来，所以，现金流量表的规范核算对企业来说非常重要。

16.1　审计报告与年度报告关于现金流量的披露

现金流量表是基本的财务报表，表现在固定期间（通常是每月或每季）内资金的增减变动情形。根据用途，现金流量表中的项目被划分为经营活动产生的现金流量、投资活动产生的现金流量及筹资活动产生的现金流量三类。

16.1.1　审计报告中的现金流量披露

注册会计师在审计报告中通过现金流量表对现金流量项目的本期数与上期数进行全方位披露，同时对存在汇总列示的现金流量的其他项目进行分类披露。审计报告中的现金流量披露见表 16-1 至表 16-6。

表 16-1　收到的其他与经营活动有关的现金

项目	本期发生额	上期发生额
利息收入		
政府补助收入		
其他营业外收入		
资金往来		
银行相关业务保证金		
收到的往来款及其他		
……		
合计		

表 16-2　支付的其他与经营活动有关的现金

项目	本期发生额	上期发生额
付现的期间费用		
资金往来		
银行相关业务保证金		
支付的往来款及其他		
……		
合计		

表 16-3　收到的其他与投资活动有关的现金

项目	本期发生额	上期发生额
期货保证金		
其他		
……		
合计		

表 16-4　支付的其他与投资活动有关的现金

项目	本期发生额	上期发生额
期货保证金		
其他		
……		
合计		

表 16-5　收到的其他与筹资活动有关的现金

项目	本期发生额	上期发生额
收到融资租赁款		
票据贴息		
借款		
……		
合计		

表 16-6　支付的其他与筹资活动有关的现金

项目	本期发生额	上期发生额
支付融资租赁款		
贷款手续费及担保费		
借款		
……		
合计		

16.1.2　年度报告中的现金流量披露

年度报告将现金流量表的相关信息归集至利润表与现金流量表相关项目变动分析表里，并对波动原因进行说明。

16.2　现金流量核算的财务规范

16.2.1　现金流量项目的设计

1．经营活动现金流量

经营活动现金流入主要是企业销售产品所收到的现金。

经营活动现金流出主要是企业购买原材料、支付职工工资及支付各种税费等支付的现金。

经营活动现金流量净额 = 经营活动现金流入 − 经营活动现金流出

2．投资活动现金流量

投资活动现金流入主要是企业投资活动取得的分红、收回长期投资款、处置固定资产及无形资产和出售子公司等收到的现金。

投资活动现金流出主要是企业购买固定资产、无形资产和长期资产及对外投资等支付的现金。

投资活动现金流量净额 = 投资活动现金流入 − 投资活动现金流出

3．筹资活动现金流量

筹资活动现金流入主要是企业股东的原始投入和借款等收到的现金。

筹资活动现金流出主要是企业偿还借款、支付利息、分红以及回购股票等支付的现金。

筹资活动现金流量净额 = 筹资活动现金流入 − 筹资活动现金流出

4．现金流量表的设计

《企业会计准则第 31 号——现金流量表》将现金流量分为三类，即经营活动产生的现金流量、投资活动产生的现金流量、筹资活动产生的现金流量。现金流量表如表 16-7 所示。

表 16-7　现金流量表

编制单位：×× 科技有限公司　　　　　×× 年度　　　　　单位：元

项目	附注	本期金额	上期金额
一、经营活动产生的现金流量：			
销售商品、提供劳务收到的现金			
收到的税费返还			
收到其他与经营活动有关的现金			
经营活动现金流入小计			
购买商品、接受劳务支付的现金			
支付给职工以及为职工支付的现金			
支付的各项税费			
支付其他与经营活动有关的现金			
经营活动现金流出小计			
经营活动产生的现金流量净额			
二、投资活动产生的现金流量：			
收回投资收到的现金			
取得投资收益收到的现金			
处置固定资产、无形资产和其他长期资产收回的现金净额			
处置子公司及其他营业单位收到的现金净额			
收到其他与投资活动有关的现金			
投资活动现金流入小计			
购建固定资产、无形资产和其他长期资产支付的现金			
投资支付的现金			
取得子公司及其他营业单位支付的现金净额			
支付其他与投资活动有关的现金			
投资活动现金流出小计			

续表

项目	附注	本期金额	上期金额
投资活动产生的现金流量净额			
三、筹资活动产生的现金流量：			
吸收投资收到的现金			
取得借款收到的现金			
收到其他与筹资活动有关的现金			
筹资活动现金流入小计			
偿还债务支付的现金			
分配股利、利润或偿付利息支付的现金			
支付其他与筹资活动有关的现金			
筹资活动现金流出小计			
筹资活动产生的现金流量净额			
四、汇率变动对现金及现金等价物的影响			
五、现金及现金等价物净增加额			
加：期初现金及现金等价物余额			
六、期末现金及现金等价物余额			

法定代表人：　　　　　　　　主管会计工作负责人：　　　　　　　　会计机构负责人：

16.2.2　现金流量项目的规范

现金流量项目与货币资金会计科目息息相关，所以，现金流量项目的财务规范也基本上是针对货币资金会计科目使用的财务规范。

1．现金流量与资金收付逐笔对应

为便于审核，涉及现金流量的会计分录必须与货币资金收付逐笔对应。每一笔收付款分别对应一笔现金流量，原则上不允许合并或分拆。

单独支付且金额较小的银行手续费可按月汇总编制凭证。

2．不同类别的资金收付不能混用

一笔资金收付业务原则上只能对应一种性质的现金流量类别。如特殊情况导致一笔资金收入（支付）存在不同类别的现金流量，在凭证处理时应分开列示。

案例

2022年5月，公司向甲供应商支付款项10万元，其中8万元为支付的货款，2万元为退还甲供应商在公司存放的押金。原则上，公司必须分两笔支付，分别对应货款与押金，如果一笔支付，须分开两笔做银行存款账务处理。

账务处理如下。

借：应付账款——到票应付——甲供应商　　　　　　　　　　80 000

　　其他应收款——单位——甲供应商　　　　　　　　　　　20 000

　　贷：银行存款——购买商品、接受劳务支付的现金　　　　　80 000

　　　　银行存款——支付的其他与经营活动有关的现金　　　　20 000

对外支付时公司可以坚守不能混用原则，收取款项时应灵活运用，不能因为机械运用该原则导致款项迟迟无法收回。

3．现金流量方向与资金收付方向一致

为便于统计、防止错漏，资金收入款项对应现金流入，资金支付款项对应现金流出。

对于反向业务，其发生方向与正向业务的发生方向相反，其现金流量处理原则仍是"原路返回、金额为负"。

案例

（1）建设银行收到甲客户货款5万元（正向收款业务）。

借：银行存款——销售商品、提供劳务收到的现金　　　　　　50 000

　　贷：应收账款——华中——HB——甲客户　　　　　　　　50 000

（2）建设银行退回甲客户货款500元（反向退款业务）。

借：银行存款——销售商品、提供劳务收到的现金　　　　　　－500

　　贷：应收账款——华中——HB——甲客户　　　　　　　　－500

（2）中，既坚持了反向业务的"原路返回、金额为负"原则，也符合现金流量方向与资金收付方向一致的原则。

4．现金内部流动不计入现金流量

从银行提取现金、将现金存入银行、银行账户互转属于现金的内部流动，不会产生真实的现金流量。

现金内部流动处理方式包括同借方、同贷方、不涉及。

案例

（1）建设银行转入中国银行 10 万元（同借方）。

借：银行存款——中行——收到其他与经营活动有关的现金　100 000
　　借：银行存款——建行——收到其他与经营活动有关的现金　-100 000

（2）建设银行转入中国银行 10 万元（同贷方）。

贷：银行存款——中行——支付其他与经营活动有关的现金　-100 000
　　贷：银行存款——建行——支付其他与经营活动有关的现金　100 000

（3）建设银行转入中国银行 10 万元（不涉及）。

借：银行存款——中行——不涉及现金流动的项目　100 000
　　贷：银行存款——建行——不涉及现金流动的项目　100 000

（3）中，如果财务软件自带现金流量功能不能实现增加现金流量项目的，可采取自设项目核算的方式。

5．正确理解现金流量归属概念

使用现金流量项目时，要正确理解其归属概念，常见的归属概念如下。

（1）支付个人所得税的现金流量归属于缴纳税金支付的现金。

（2）企业以分期付款方式购建的固定资产，其首次付款支付的现金作为投资活动的现金流出，以后各期支付的现金作为筹资活动的现金流出。

（3）购建固定资产而发生的借款利息资本化的部分及融资租入固定资产支付的租赁费，不归属于购建固定资产支付的现金，而在筹资活动产生的现金流量中单独反映。

（4）企业购买股票和债券时，实际支付的价款中包含的已宣告但尚未领取的现金股利或已到付息期但尚未领取的债券的利息，应在投资活动的"支付其他与投资活动有关的现金"项目反映；收回购买股票和债券时支付的已宣告但尚未领取的现金股利或已到付息期但尚未领取的债券的利息，在投资活动的"收到其他与投资活动有关的现金"项目反映。